Début d'une série de documents en couleur

SIXIÈME ÉDITION

CHARLES MONSELET

JEAN
De la Réole

ROMAN NOUVEAU

PARIS
A LA LIBRAIRIE ILLUSTRÉE
7, RUE DU CROISSANT, 7

Tous droits réservés

A LA LIBRAIRIE ILLUSTRÉE
ET CHEZ TOUS LES LIBRAIRES

Collection à 3fr 50 le volume grand in-18 Jésus

PHILIBERT AUDEBRAND	Léon Gozlan	1
ODYSSE BAROT	Les Usuriers de Paris	1
ÉMILE BLAVET	La Princesse rouge	1
	Dent pour dent	1
FORTUNÉ DU BOISGOBEY	Rubis sur l'ongle	1
OLIVIER CHANTAL	Flora Fuchs	1
GUSTAVE CLAUDIN	Le Mariage de la Diva	1
	Les Sabots du comte Brocoli	1
DANIEL DARC	Joyeuse vie	1
	Les Femmes inquiétantes et les Maris comiques	1
ERNEST DAUDET	Gisèle Rubens	1
CAMILLE DEBANS	Les Duels de Roland	1
PIERRE DECOURCELLE	Le Chapeau gris	1
	Un Mariage à Mazas	1
	Deux Marquises	1
HENRI DEMESSE	Monsieur Octave	1
	Le Stigmate rouge	1
LOUIS DEPRET	Le premier Ami	1
JEANNE DUCHARME	La Sirène	1
JULES DE GASTYNE	Le Garçon de jeu	1
LÉON GOZLAN	Aristide Froissart	1
	Les nuits du Père Lachaise	1
LOUIS DE HESSEM	Les Confessions d'une Comédienne	1
	L'Œuvre de la chair	1
ARSÈNE HOUSSAYE	Les Comédiens sans le savoir	1
INAUTH	Cancans de Plage	1
GASTON LEBRE	Causes grasses et Causes maigres	1
CHARLES LEROY	Les S'crongnieugnieu du colonel Ramollot	1
	Les Finesses de Pinteau	1
GABRIEL LIQUIER	Le Sacrifice de M. Bajolein	1
FIRMIN MAILLARD	La Légende de la femme émancipée	1
GEORGES MALDAGUE	Sans pitié	1
JULES MARY	L'Ami du Mari	1
	La marquise Gabrielle	1
	Les Amours parisiennes	1
	Le Baiser	1
	Roger-la-Honte	1
	Mère coupable	1
GUY DE MAUPASSANT	Contes de la bécasse	1
CHARLES MÉROUVEL	Thérèse Valignat	1
	La Rose des Halles	1
	Cœur d'or	1
FRANÇOIS OSWALD	L'assassinat de la ligne du Havre	1
	André le justicier	1
GEORG. DE PEYREBRUNE	Les Roses d'Arlette	1
YVELING RAMBAUD	La vertu de Mademoiselle Drichet	1
JULES DE SAINT-FÉLIX	Cléopâtre et les filles du Nil	1
ARMAND SILVESTRE	Joyeusetés galantes	1
	Contes incongrus et fantaisies galantes	1 vol.
CLAUDE TILLIER	Mon oncle Benjamin	1

ASNIÈRES. — IMPRIMERIE LOUIS BOYER ET Cie

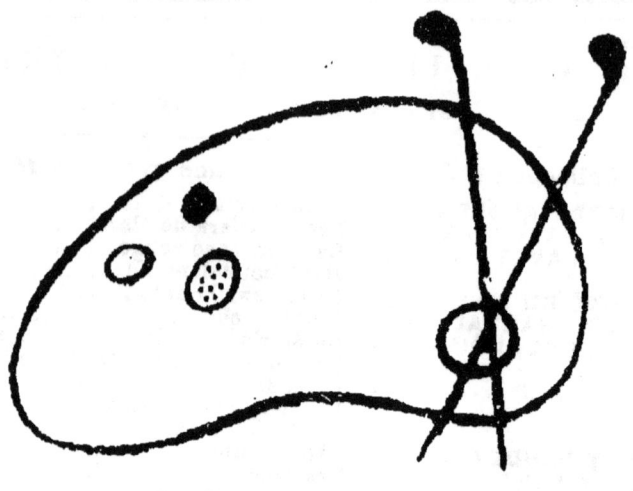

Fin d'une série de documents en couleur

JEAN DE LA RÉOLE

ÉMILE COLIN — IMPRIMERIE DE LAGNY

CHARLES MONSELET

JEAN DE LA REOLE

— ROMAN NOUVEAU —

PARIS

A LA LIBRAIRIE ILLUSTRÉE

7, RUE DU CROISSANT, 7

Tous droits réservés

JEAN DE LA RÉOLE

I

PRENEZ VOS BILLETS AU BUREAU

Le 8 avril 1780, vers cinq heures de l'après-dînée, la belle et imposante ville de Bordeaux présentait un spectacle d'une animation extraordinaire.

Toute la population s'était portée sur un point unique : la place de la Comédie. On inaugurait cette majestueuse œuvre d'art qui s'appelait le Grand-Théâtre.

Le Grand-Théâtre de Bordeaux avait duré sept années à construire et coûté près de trois millions, ce qui passait alors pour une somme importante. Il avait coûté plus que cela encore : il avait coûté tous les efforts, toutes les larmes, toutes les souffrances, toutes les humiliations, et même, — ô honte ! — toutes les épargnes d'un pauvre architecte de génie.

Au milieu d'un quartier magnifique, sur un vaste plateau distrait des anciens glacis du château Trompette, s'élevait un immense monument qui n'avait rien à envier aux temples de l'Italie et de la Grèce pour la noblesse et la pureté des lignes.

Il se dressait fièrement entre la chaussée du Chapeau-Rouge, célèbre dans le monde entier, et la jolie perspective des allées de Tourny. Rien de plus élégant que sa façade ornée de douze colonnes d'ordre corinthien et surmontée de douze statues allégoriques. Des maisons superbes et hautes lui faisaient vis-à-vis.

Ce jour-là, le maréchal de Richelieu, gouverneur de la Guienne, devait assister à l'ouverture du Grand-Théâtre de Bordeaux, ainsi que MM. les jurats. Il y avait spectacle de gala ; on jouait l'*Athalie* de Racine.

Voilà pourquoi toute la ville s'était ruée sur la place, au milieu de laquelle une large voie avait été ménagée pour les carrosses et les chaises à porteurs.

C'était un fourmillement considérable de bourgeois en lévite ou *roupe*, selon le mot local, d'artisans en veste, d'ouvriers du port, de tonneliers, de moines même. On y voyait aussi nombreux Juifs, facilement reconnaissables à leurs yeux perçants, à leur nez aquilin perdu dans une épaisse barbe noire; Juifs d'Espagne et de Portugal, les Chimène, les Léon, les Silva, les Mendès, les Alvarès, les Lopez, les Diaz, les Benzacar, les Rodrigues. Parmi l'élément féminin, on distinguait au premier rang ce produit spécial du pays désigné sous le nom de *grisettes*, gentilles ouvrières, à la tête enveloppée d'un foulard de couleur, et dont le crayon de Galard devait fixer quelques années plus tard les traits mutins. Il y avait aussi de ces femmes à coiffes gigantesques et carrées, dont la race s'est perdue, marchandes du marché des Récollets, matrones du quartier Saint-Michel, qu'on appelait des *Cadichonnes*.

De toute cette foule bigarrée, à grand'peine

contenue par les valets de ville et la milice bourgeoise, s'échappait une rumeur, un pêle-mêle d'exclamations en patois, car presque tout le monde à Bordeaux parlait alors le patois gascon, si amusant, si mordant, si leste, si spirituel.

On saluait au passage les gens connus, soit qu'ils fussent traînés en voiture et précédés de gardes, comme le président de Gasc, soit qu'ils arrivassent modestement à pied, comme l'homme de lettres Berquin. Les apostrophes étaient plus souvent ironiques que respectueuses, car la Gascogne a été de tout temps un foyer de turbulence.

Sept heures venaient de sonner à Saint-Dominique, l'église voisine. On n'attendait plus que le maréchal de Richelieu, toujours en retard, selon son impertinente habitude.

En l'attendant, faisons pénétrer le lecteur dans l'intérieur du monument dont nous venons de lui montrer la façade.

C'était d'abord un large vestibule conduisant à un escalier qui est resté le plus élégant modèle de tous les escaliers de théâtre et qui a particulièrement inspiré celui de l'Opéra actuel de Paris.

Au premier étage de cet escalier, qui se partageait en deux rampes, une porte monumentale, surmontée des armes de la ville, ouvrait sur la salle.

Cette salle, une merveille! Trois étages de loges découvertes et suspendues, séparées par des colonnes cannelées! Et chacune de ces loges semblable à une corbeille dorée. Au milieu, un lustre affectant la forme d'une colossale grappe de raisin.

Levait-on les yeux plus haut que ce lustre? ils étaient retenus par un plafond d'une grandeur inusitée et d'une incomparable magie. Ce qu'il représentait? Ce qu'ont toujours représenté et ce que représenteront toujours tous les plafonds : le Ciel, l'Olympe, le Parnasse, Apollon, les Muses, des Génies, des Nymphes, des Amours, les Jeux et les Ris. Un Pégase gigantesque s'élançait dans la lumière, emportant Momus sur son dos, Momus, harnaché et culotté à la moderne. — Pourquoi cette place d'honneur à Momus, dieu secondaire? — A côté de cette indispensable concession à la tradition mythologique et classique, une large place avait été réservée à la décoration locale. C'est ainsi que tous les attributs d'un port florissant avaient été rassemblés là : navires, pavillons, ancres, balles de marchandises ; on y voyait même un capitaine commandant à des nègres enchaînés. — Les chaînes n'étaient-elles pas de trop ? — Notre commerce avec les colonies avait pour emblème un perroquet huché sur une cage à poules. De superbes filles portaient entre leurs bras des corbeilles débordant de fruits, indices de la fertilité de la province, et Bacchus triomphant personnifiait la principale source de la fortune du Bourdelois, comme on écrivait encore. Il y avait aussi un effet de marée galopante particulière à la contrée, le *Mascaret*, remontant la Garonne jusqu'à une dizaine de lieues et caractérisé par des tritons en goguette. Tout cela dans les raccourcis les plus audacieux, nageant, frétillant, volant, cabriolant, inondé de flamme !

Ajoutons, comme nuance imprévue, que cette apothéose gardait dans ses groupes les plus tapageurs une chasteté relative. La préoccupation du nu ne s'y faisait sentir qu'à demi, et les chairs vivaient en bonne intelligence avec les draperies. Discrétion au moins singulière à cette époque de licence !

Ce plafond, qui aurait pu soutenir la comparaison avec les plus splendides peintures de Versailles, était signé Robin.

Le public était digne du théâtre.

Toutes les familles historiques de la province étaient représentées : de Gourgues, de Verthamont, de Piis, de Gères, de Blanquefort, la Faurie de Monbadon, de Barbezières, de Darche, de Marbotin, de Castelnau, de Montchenil, de Brivazac, de Virelade, de Carrière, de Rauzan, de Laliman, de Mauvezin, de Bourran, de Rolly, de Lamolère, de Tournon, de Peyronnet, de Montferrand, de Dupérier de Larsan, de Puységur, de Montesquieu, de Bourdillon, etc., etc.

Le barreau, qui a été de tout temps une des gloires de Bordeaux, le barreau était au grand complet ; c'étaient des avocats auxquels l'avenir réservait des rôles importants : les Saigne, les Ferrère, les de Sèze, les Ravez les Brochon, les Martignac, les Emerigon, les Dupaty.

Les familles Balguerie, Stuttenberg, Fenwick, Ez eleta, Brown, Chabarrus personnifiaient le haut commerce.

Ça et là, des célébrités diverses : Azevedo, le musicien amateur, professeur du jeune Garat ; Richaud Martelly, l'auteur des *Deux Figaro* ; Journiac de Saint-Méard, qui a écrit plus tard le récit de son *Agonie de vingt quatre heures* à la prison de l'Abbaye. Ici, le remuant marquis de Saint-Marc qui, quelques années auparavant, s'était immortalisé à bon compte, avec un quatrain prononcé au couronnement de Voltaire, lors de la représentation d'*Irène*. Ancien officier aux gardes, le marquis de Saint-Marc s'était fixé à Bordeaux, où Louis avait construit pour lui un petit hôtel sur le cours d'Albret (qu'on voit encore) et, ce soir-là, comme à une autre représentation d'*Irène*, il cherchait partout un auditeur pour lui réciter une épître qu'il venait d'adresser le matin à son architecte, et dont voici le début :

Ce jour enfin, Louis, au temple de mémoire,
Voit inscrire ton nom et tes nobles travaux !
Nos neveux, ainsi que l'histoire,
Ne pourront parler de Bordeaux
Sans parler aussi de ta gloire...

Dans une loge, on remarquait le duc de Fronsac, le fils du maréchal, de passage à Bordeaux.

On ne comptait pas les jolies femmes. Ruisselantes de bijoux, elles portaient sur leurs blanches épaules des fortunes considérables.

Tout ce monde attendait le bon plaisir du gouverneur. Enfin, une rumeur plus grande que les autres annonça sa présence. Le maréchal de Richelieu faisait son entrée dans la loge du gouvernement, escorté d'une suite nombreuse. Il était vêtu magnifiquement, selon son habitude. Il avait au cou le collier du Saint-Esprit et le grand cordon en sautoir ; il était coiffé d'un vaste chapeau à plumes blanches.

1.

II

D'APRÈS UN PASTEL

Louis-François-Armand du Vignerot du Plessis, duc de Richelieu, pair et premier maréchal de France, chevalier des ordres du roi, premier gentilhomme de la chambre de Sa Majesté, son lieutenant général, gouverneur de la haute et basse Guienne, noble Génois, membre de l'Académie française et de l'Académie des sciences, etc., etc., etc., avait, à l'époque de notre récit, quatre-vingt-quatre ans sonnés; — mais sans aller aussi loin que ses flatteurs, on peut affirmer qu'il réussissait parfaitement à en dissimuler... une douzaine.

La taille commençait à se voûter, mais la

tête avait gardé toute son expression de noblesse et d'esprit, — d'esprit surtout. Il y avait du Voltaire dans ce nez pointu, dans ces yeux perçants, dans cette bouche sarcastique.

Né à sept mois, il avait été élevé littéralement dans une « boîte à coton ».

On peut dire qu'il a vécu toute sa vie dans cette boîte-là. Sa jeunesse et son éducation furent celles d'un prince Charmant; à quatorze ans, il était beau comme Adonis. Présenté à la cour, il commença déjà à y exercer cette puissance de séduction qu'il devait conserver si longtemps. Madame de Maintenon, qui s'en était endiablée, écrivait à son père : « Votre fils plaît au roi et à toute la cour ; il fait très bien tout ce qu'il fait ; il danse très bien, il joue honnêtement, il est à cheval à merveille, il n'est point timide, il n'est point hardi, etc., etc. »

Heureux père ! dira-t-on en lisant ce portrait tracé d'un pinceau si caressant par la vieille prude ; et l'on se trompera du tout au tout, car au bout de quelque temps, le père inquiet de cette trop grande et si précoce faveur, sollicitait lui-même et obtenait de Louis XIV une lettre de cachet pour son fils et il enfermait bel et bien à la Bastille le nouvel Adonis. On trouva le père bien sévère et le vieux roi bien bourru; mais qu'attendre de ces barbons? Le jeune Richelieu profita de son séjour à la Bastille pour apprendre à lire Virgile couramment; en revanche, son précepteur qu'on avait enfermé avec lui, ne put jamais lui apprendre l'orthographe.

Il ne quitta la Bastille que pour le champ de bataille; l'apprenti courtisan se fit apprenti soldat, et il ne perdit point à cette transformation. Il assista à la prise de Fribourg et il eut le bonheur d'être blessé, ce qui lui valut d'être envoyé par Villars au roi Louis XIV en personne pour lui annoncer la reddition des forts. Le roi voulut bien féliciter son prisonnier de la Bastille, qui s'en montra vivement touché et demeura depuis constamment fidèle à sa mémoire. Il ne retrouva pas les mêmes sentiments pour le Régent, en qui il ne voulut voir qu'un rival en amour et qu'un adversaire en politique, et contre lequel il conspira à la fois étourdiment et ridiculement.

Rien n'aurait été plus facile à Philippe que de se venger, et terriblement; mais par sa générosité, il se montra supérieur à Richelieu.

On se ferait difficilement une idée de l'existence dissipée de celui-ci pendant cette période :

> C'était la Régence alors,
> Et, sans hyperbole,
> Grâce aux plus drôles de corps,
> La France était folle.

Le plus drôle de ces corps, c'était incontestablement Richelieu. Le nombre de ses maîtresses était incalculable ; le chœur en était mené par mesdemoiselles de Valois et de Charolais, les deux propres filles du régent ; — et par la princesse de Conti, la maréchale de Villars, la duchesse d'Albret, madame d'Averne, la propre maîtresse de Philippe d'Orléans.

Qui citait-on encore ? Madame de Clagny, madame d'Alincourt, madame d'Anceny, madame de Parabère, madame de Duras. C'était la fureur des paris, et Richelieu était heureux à tous les jeux. Il parie d'avoir madame de Guébriant, sage alors, et il gagne la gageure dès la première semaine. En même temps qu'à madame de Guébriant, il cherche à plaire à madame de Villeroy, qui était ce qu'il y avait de plus joli à la cour, et cela lui coûte peu d'efforts, car M. de Villeroy délaissait sa femme et lui laissait recevoir une jeunesse brillante, tandis que lui s'en allait « manger un gigot avec des filles de comédie ». Peu de temps après, Richelieu cède madame de Guébriant à Charlu et lui enlève madame de Duras. Mais ce qui mit le comble à sa réputation, ce fut le duel qui eut lieu pour lui, en plein jour, dans le bois de Boulogne, entre madame de Polignac et madame de Nesle.

Entre temps, il lui prit la fantaisie d'entrer à l'Académie française ; il pensa que cela lui ferait honneur auprès de ses maîtresses. Les académiciens, de leur côté, se regardèrent comme trop honorés de le recevoir. Il avait alors vingt-quatre ans.

On a prétendu que trois académiciens, Fontenelle, Destouches et Campistron, s'étaient offerts pour lui composer son discours de réception. Richelieu trouva que c'était beaucoup d'académiciens pour peu de chose. En ces temps-là, les discours académiques n'avaient ni la même importance, ni les mêmes dimensions qu'aujourd'hui. On se contentait d'un compliment de quelques pages ; Richelieu jugea qu'il était suffisamment apte à cette besogne — orthographe à part — et, dès les premières lignes, il tira son épingle du jeu avec une parfaite bonne grâce : « Messieurs, dit-il, après tant d'éloges donnés dans vos assemblées au cardinal de Richelieu, qui s'assura par votre établissement l'immortalité qu'il cherchait par ses travaux, le plus grand honneur que vous puissiez faire à sa mémoire était de montrer qu'il suffit de porter son nom pour être reçu parmi vous... »

Fût-ce l'amour qui le conduisit à la politique ? Dans tous les cas, il n'y fut pas étranger. Richelieu s'attacha de bonne heure à Louis XV qui, pour ses débuts et toujours grâce à son nom, l'envoya à Vienne comme ambassadeur extraordinaire. Là, dans ce poste assez difficile, il déploya un tact, une habileté, qu'on n'aurait pas attendus de lui, et, par-dessus tout, un faste inusité jusqu'alors. Il avait décidé à l'accompagner un grand nombre de gentilshommes, et il avait emmené avec lui une maison considérable, tant en hommes qu'en équipages. Son entrée officielle fut splendide et eut mérité le pinceau d'un autre Mackart. Il y avait un défilé de soixante-quinze carosses doublés en velours de diverses couleurs : bleu, vert, rose, cramoisi, nacarat, gris-de-lin, jonquille, — et traînés par des chevaux bais, bruns, alezans brûlés, isabelle, gris pommelés. Les harnais étaient brodés d'or, surmontés de plumes et d'aigrettes. La suite était également éblouissante : douze heiduques portant des masses d'argent ; douze pages à cheval, cinquante valets de pied vêtus de draps d'écarlate, grande livrée de soie pourpre et argent ; enfin, vingt-quatre palefreniers tenant des chevaux de main.

L'histoire célèbre des chevaux ferrés d'argent, avec une maladresse préméditée et de façon à ce qu'ils perdissent leurs fers à chaque pas, cette histoire n'a rien d'une fable. Le peuple viennois, à qui l'on permettait de se précipiter pour ramasser ces fers merveilleux, en a longtemps gardé le souvenir. Ce fut une des moindres prodigalités de Richelieu : il donna dans son palais des dîners de plus de cinq cents couverts, et comme plus tard, dans une autre ambassade à Dresde, il ouvrait ses portes à la foule et la laissait s'emparer des objets de service. C'était sa manière à lui de comprendre la diplomatie.

A ce jeu-là, il se ruina de fond en comble. Il ne reçut pas de France l'argent sur lequel il avait compté, et les Allemands lui fermèrent impitoyablement leur caisse. Il dut engager secrètement ses bijoux et écrire à ses belles-amies de Versailles pour les inviter à lui venir en aide, car il ne dédaignait pas de s'adresser aux femmes. Une d'elles, une duchesse, devenue veuve et maîtresse de sa fortune, lui fit tenir quatre lettres de change de vingt-cinq mille livres chacune. Il empruntait de tous côtés ; il emprunta même un jour à Voltaire quarante-cinq mille livres. — A Voltaire ! le fait est invraisemblable, quoique vrai.

Jusqu'à présent, j'ai montré dans Richelieu

le roué et le courtisan. L'homme d'épée devait le faire voir dans son jour le plus favorable et le plus honorable, celui où ses qualités les plus françaises devaient se produire dans toute leur intensité. Tour à tour en Flandre et sur le Rhin, il joue un rôle qui, quoique secondaire, n'en est pas moins utile. Enfin, la bataille de Fontenoy resplendit sur toute l'Europe éblouie ; c'est dans cette journée qu'émule heureux de Maurice de Saxe, il s'affirme comme la plus brillante personnification du grand seigneur armé.

Et son poète ordinaire, Voltaire, de saisir sa plume et de chanter ainsi :

> Maison du roi, marchez, assurez la victoire !
> Soubise et Pecquigny vous mènent à la gloire.
> Phalanges de Louis, écrasez sous vos coups
> Ces combattants si fiers et si dignes de vous !
> Richelieu, qu'en tous lieux emporte son courage,
> Ardent, mais éclairé, vif à la fois et sage,
> Favori de l'Amour, de Minerve et de Mars,
> Richelieu vous appelle, il n'est plus de hasards ;
> Il vous appelle, il voit d'un œil prudent et ferme
> Des succès ennemis et la cause et le terme ;
> Il vole, et sa vertu secondant vos grands cœurs,
> Il vous marque la place où vous serez vainqueurs !

Très décoratif, Richelieu devait être pour cela très aimé des peuples méridionaux ; il fut appelé par les Génois pour les protéger contre les Anglais. Il y réussit à merveille. Ensuite, l'activité étant son lot, il demanda à être nommé gouverneur de la Guienne, comme il avait été déjà gouverneur du Languedoc. Mais l'expédition de Minorque, qui survint sur ces entrefaites, l'empêcha d'aller occuper son nouveau gouvernement ; au règne paisible que lui promettaient les riantes campagnes du Médoc il préféra les turbulences glorieuses de la guerre. — C'est à cette occasion que son valet de chambre prononça ce mot célèbre :

— A quelle odeur monseigneur fera-t-il cette campagne ?

A quoi le duc de Richelieu répondit :

— Au musc les jours ordinaires... et les jours de bataille à l'essence d'iris.

Ce n'est pas tout : il ordonna l'assaut de Port-Mahon au son des violons, — une idée bien française, celle-là !

Enfin, trois ans après, ayant mis toutes ses affaires en ordre, le duc de Richelieu, devenu le maréchal de Richelieu, alla prendre possession du gouvernement de la Guienne, sans préjudice de ses fonctions de premier gentilhomme de la chambre du roi.

C'est cette période, l'une des plus curieuses et l'une des moins connues de sa longue carrière, que nous avons choisie pour cadre à notre récit. En même temps que les côtés inédits de cette biographie, on y trouvera la peinture fidèle des mœurs d'une grande capitale de la province avant la Révolution française. Qu'on nous permette donc d'entrer dans quelques détails sur l'arrivée et sur l'installation de Richelieu à Bordeaux, ainsi que sur les années qui précédèrent l'édification du Grand-Théâtre, — date monumentale que nous avons placée au début de ce livre.

III

LE DOGE DE BORDEAUX

Dans les premiers jours du mois de juin 1758, le maréchal s'était mis en route dans sa *dormeuse*. Il appelait ainsi une voiture de voyage qu'il avait fait construire à grands frais et d'une dimension exceptionnelle.

Il y pouvait dormir, en effet, et aussi commodément qu'en son hôtel de la place Royale, à Paris. Soucieux de toutes ses aises et devançant les *sleeping-cars* de plus d'un siècle, il l'avait voulu moelleusement capitonnée et suspendue par des ressorts qui rendaient tout mouvement insensible. Nous ne dirons pas les riches peintures dont elle était décorée à l'intérieur, non plus que l'ameublement féérique imaginé pour le bien-être du voluptueux voyageur. Dans un second compartiment, il y avait place pour deux ou trois domestiques, veillant toujours et toujours attentifs au moindre signal de Richelieu.

Louis XV, qui le reconnaissait volontiers comme son maître en sybaritisme, avait manifesté le désir de voir ce merveilleux carrosse ; le vainqueur de Mahon lui en donna le spectacle, ainsi qu'à la marquise de Pompadour, en faisant amener la *dormeuse* dans une des cours du château de Choisy, le soir de son départ pour Bordeaux. Richelieu y descendit en robe de chambre.

Au bout de trois jours quasiment escamotés à franc-étrier, la *dormeuse* déposa douillettement le maréchal dans la petite ville de Blaye-sur-Garonne, où six grandes galères pompeusement ornées vinrent le chercher pour le conduire à Bordeaux.

En passant devant le château Trompette, il fut salué de plusieurs coups de canon par M. de la Groslay, commandant de la garnison ; ce fut le signal pour tous les bâtiments en rade, tant français qu'étrangers, de tirer de leur bord. Au milieu de ce concert d'artillerie, Richelieu mit pied à terre, sur un vaste tapis, à la place Royale, où avait été dressé un arc de triomphe, sous lequel le Parlement vint le recevoir et le haranguer.

Après quoi, il monta à cheval, escorté de sa maison, et d'une garde d'honneur qui lui avait été attribuée par la ville, garde d'honneur recrutée parmi la meilleure noblesse de la province. Les rues étaient trop étroites pour contenir la population et les balcons débordaient des plus brillantes toilettes. Le cortège, accompagné d'acclamations unanimes, se dirigea vers la cathédrale, suivant lentement la rue du Château-Rouge, les fossés de l'Intendance, la place Dauphine et la rue des Remparts. Les fleurs pleuvaient des fenêtres ; les cloches de toutes les églises mêlaient leurs envolées au bruit du canon qui continuait toujours.

Sous le porche de la cathédrale Saint-André, l'archevêque, qui était un Rohan, attendait avec son clergé. Là, un *Te Deum* fut chanté comme pour un roi. Ensuite, le maréchal se vit conduit, avec le même cérémonial, à l'hôtel du Gouvernement, avoisinant la rue Porte-Dijeaux.

Pendant plusieurs jours, les fêtes se succèdent sans interruption. Que dis-je, plusieurs jours ? C'est plusieurs mois qu'il faut lire. L'affolement de Bordeaux pour Richelieu était inexprimable ; Richelieu était l'homme qu'il lui fallait ; il succédait au comte d'Eu, un prince de sang royal sans prestige, gouverneur endormi et obscur. Richelieu flattait son orgueil ; c'était un héros ; Fontenoy et Port-Mahon témoignaient pour lui. Il arrivait comme au bon moment d'une comédie. Si Richelieu avait soif de pouvoir, Bordeaux avait soif de plaisirs, Bordeaux allait avoir sa cour et son monarque, comme Paris.

En arrivant dans son gouvernement, le maréchal trouva son neveu et sa nièce, le duc et la duchesse d'Aiguillon, qui étaient venus habiter pendant l'été leur superbe château entre Bordeaux et Agen. Ce fut une occasion de nouveaux divertissements. Nouvelle occasion encore : la présence de sa fille, la comtesse d'Egmont, qui vint le voir vers la fin de cette même année 1758. — La comtesse d'Egmont a laissé le souvenir d'une des plus attrayantes personnes de son temps ; elle avait l'esprit de son père joint à une incroyable fantaisie et à un goût déterminé pour les aventures. Elle tourna littéralement toutes les têtes à Bordeaux ; ce fut, parmi les notabilités, à qui la recevrait le plus fastueusement. Voici, entre autres, une brillante fête organisée pour elle.

La comtesse avait désiré connaître en détail les différentes parties d'un vaisseau. Un groupe de négociants fit choix d'un bâtiment qui devait partir le lendemain pour porter aux Moscovites cinq cents tonneaux de vins et d'eau-de-vie. On attendait la comtesse sur un brigantin dont la chambre était superbement décorée, et dont les rameurs, vêtus de rouge et d'argent, tenaient hautes les rames peintes et décorées des armes du maréchal de Richelieu.

A six heures du soir, par le plus beau temps du monde, le maréchal, accompagnant la comtesse d'Egmont et la duchesse d'Aiguillon, arriva à la première cale, suivi d'une foule innombrable. Le canon tonnait. Toute cette brillante compagnie s'embarqua sur le brigantin, précédé d'un autre bateau chargé de violons, de tambourins et de cors de chasse. Les organisateurs de la fête conduisirent le cortége à bord du vaisseau russe, qui disparaissait sous les guirlandes et les pavillons de toutes les nations.

Tandis que le consul de Suède, à qui appartenait le vaisseau, en faisait les honneurs à la comtesse d'Egmont et lui expliquait tous les termes de la navigation, le brigantin retournait au rivage et allait quérir tout ce que Bordeaux renferme de jolies femmes dans leurs plus galantes parures. Chacune d'elles avait pour la conduire un volontaire de Guienne.

Le brigantin fit quatre ou cinq tours à terre et ramena chaque fois au vaisseau une opulente cargaison de beautés. Il y eut présentation au souper. Une vaste tente aux retroussis d'or avait été dressée sur le pont. Au beau milieu du repas, le hasard se mit de la partie pour augmenter la fête: un vent de nord-ouest sembla souffler exprès, afin de donner à la comtesse d'Egmont le spectacle de trois vaisseaux étrangers qui entrèrent dans le port à pleines voiles, et qui vinrent saluer le vaisseau qu'elle commandait.

Cette manœuvre mit le comble à l'admiration générale, et, sur ces entrefaites, la nuit étant venue, on procéda aux apprêts d'un bal sans pareil. Tout se prêtait à l'enchantement, et les têtes étaient bien excusables de se laisser aller à la mythologie.

> Au bruit des danses, des canons,
> Les néréides, les tritons,
> Troupes sur les mers adorées,
> Se laissant aller sur les flots,
> A la faveur de la marée,
> Remontèrent jusqu'à Bordeaux.
> Ils approchèrent du navire,
> Et reconnurent ce héros
> Que, sur les bords de leur empire,
> Ils avaient vu, l'un à Mahon,
> L'un près de Stade, l'autre à Gênes.
> Mais, à voir régner sur son front
> Cette grâce qui nous enchaîne
> Et ce regard si séduisant,
> Qu'ils n'avaient vu qu'en frémissant,
> Ils le reconnaissaient à peine.

Ainsi rimait sur son genou le jeune Rulhière, gendarme de la garde du roi et l'un des gentilshommes du maréchal de Richelieu, Rulhière, qui, de petits vers en petits vers, devait arriver à l'Académie française. En ce moment, il était tout entier à la muse courtisanesque et à son adoration pour la comtesse d'Egmont. Elle semblait danser au-dessus des flots comme une déesse, et la méprise était facile.

Pendant ce temps, la ville s'illuminait comme par enchantement.

On acheva la soirée aux Chartrons, où la comtesse d'Egmont alla de bal en bal, de maison en maison, et partout applaudie. L'enivrement qu'elle excitait fut poussé à un tel point qu'on dansa dans la rue.

> Les premiers rayons de l'aurore
> Revirent tout le monde encore,
> Et l'on fut se coucher enfin
> Vers les six heures du matin.

Le maréchal ne devait pas demeurer en reste de courtoisie avec les Bordelais; les portes de l'hôtel du Gouvernement s'ouvrirent bientôt toutes grandes pour eux.. Il donnait presque tous les jours des soupers de cent couverts où régnaient à la fois la profusion et la recherche; mais ce grand luxe était gâté par la suprême impertinence de l'amphitryon. C'était ainsi qu'à ces soupers il se réservait une table particulière où il présidait *seul* une réunion de vingt-neuf jolies femmes triées sur le volet. Les maris étaient relégués à la grande table. Il fallait que ces malheureux fussent de bonne composition! Malgré le ton de licence qu'on affichait à cette table particulière, les vingt-neuf places en étaient horriblement recherchées. Tout autre que Richelieu aurait été ridicule dans ce rôle de sultan; lui seul savait le rendre acceptable.

Non content de pervertir les femmes, il s'attacha aussi à pervertir les hommes. Les Bordelais aimaient le jeu; il favorisa ce goût au point de lui donner les proportions d'une passion, d'une frénésie. On joua un jeu d'enfer à son hôtel. Vainement, le Parlement essaya-t-il de mettre un frein à cette fureur; il ne pouvait rien dans les salons du maréchal, où des fortunes venaient s'engloutir. On jugera du degré d'intensité auquel atteignit cette folie, en sachant qu'en un seul carnaval les valets du maréchal se partagèrent pour plus de cent mille francs de cartes et de dés.

Marmontel raconte dans ses *Mémoires*, que voyageant à Bordeaux vers cette époque, il ne put supporter la vue des infortunés frappés de cette sorte d'épidémie : « Un fatal jeu de dés qui les possédait, dit-il, noircissait leur esprit et absorbait leur âme. Ils semblaient ne dîner et ne souper ensemble que pour s'entr'égorger au sortir de table. »

Richelieu se maintint pendant une trentaine d'années au poste de gouverneur de la Guienne. Trente ans de folies, de scandales, d'impudeurs, de faste, qui lui valurent le surnom de *Doge de Bordeaux!*

On voudrait retrancher ces trente années de sa déplorable vieillesse, qui y gagnerait en dignité et en considération.

Deux choses suffirent, pourtant, à racheter cette période de son existence : la première, c'est d'avoir mis en faveur le vin de Bordeaux par tout le monde entier.

A peine, en effet, eut-il touché le sol girondin, qu'il s'enthousiasma du Médoc et du Saint-Emilion (et sans doute aussi du Sauterne). Son enthousiasme fut poussé si loin, qu'il ne voulut plus voir, désormais, d'autres vins sur sa table.

Ne croyez pas qu'il y eût la quelque adroite flatterie pour ses administrés. Non; mais le maréchal de Richelieu était arrivé de Paris un peu fatigué, l'estomac délabré; au bout de quelques mois, il avait recouvré ses forces et se prétendait même rajeuni. Il célébra hautement sa reconnaissance, et, comme sa parole s'entendait de loin, il n'en fallut pas davantage pour donner une vogue prodigieuse aux crus en ac.

A Paris, où la moquerie ne perd jamais ses droits, on plaisanta sur l'enthousiasme du maréchal; quelqu'un proposa d'appeler le vin de Bordeaux la *tisane de Richelieu*. Les Bordelais prirent le mot au bond et l'adoptèrent; la *tisane de Richelieu* s'imposa et s'impose encore à toutes les poitrines délicates.

Il faut reconnaître qu'en échange de ce haut et efficace patronage on a baptisé une fort belle place du nom de Richelieu. Mais est-ce assez, et n'y avait-il pas motif à statue ? Je soupçonne que les habitants ont été arrêtés dans l'élan de leur gratitude par des rancunes grandes et petites dont le temps n'a pas entièrement effacé le souvenir. On cite de lui quelques actes d'un arbitraire achevé, parmi lesquels les Bordelais ont eu longtemps sur le cœur l'arrachement des arbres de leur promenade favorite, les allées de Tourny.

L'autre chose dont il faut savoir hautement gré au vieux Richelieu, c'est la protection qu'il accorda au grand architecte Victor Louis, l'auteur du théâtre de Bordeaux, cette merveille ! Il le protégea contre tout le monde, contre les persécutions des conseillers municipaux, contre les tracasseries de ses confrères, contre l'ineptie universelle. Bref, on peut dire que c'est en partie au maréchal de Richelieu qu'on doit ce superbe monument, qui, à son tour, protège et protègera sa mémoire.

Nous avons conduit nos lecteurs à la soirée d'inauguration, et nous les avons introduits jusque dans la loge du gouvernement, où

Richelieu avait fait ce qu'on appelle aujourd'hui une entrée à *sensation*.

Lorsque la rumeur fut dissipée, le spectacle commença.

Le prologue, en un acte, composé pour la circonstance, était intitulé : le *Jugement d'Apollon*, et était mêlé de chant. L'auteur des paroles se nommait Blincour ; celui de la musique était François Beck, qui a laissé une réputation à Bordeaux comme chef d'orchestre.

Aucune trace n'est restée de ce *Jugement d'Apollon*.

Ensuite, vint la tragédie, cette indispensable élément des fêtes d'alors, la tragédie pour laquelle il était de bon goût de se passionner. — On sait que les deux derniers tragédiens, ou à peu près, Lafon et Ligier, sont d'origine bordelaise.

J'ignore comment fut jouée *Athalie* ce soir-là, mais je m'en doute ; ce furent force grands bras, force grands gestes et grands éclats de voix ; le grand prêtre fit rouler de grands yeux inspirés, Abner fit reluire le cuivre de son grand casque et de ses tirades.

L'innocent Joas était représenté par une très belle personne, du nom de Clairville, renommée en province pour son talent autant que pour sa galanterie.

Le maréchal de Richelieu dirigeait souvent sur elle sa lorgnette.

— Savez-vous, disait-il au duc d'Aiguillon, que cette Clairville est tout à fait attrayante *sous le lin*, comme dit Racine.

Le duc d'Aiguillon sourit discrètement.

— Est-ce d'aujourd'hui seulement que vous vous en apercevez, monseigneur ?

— Je veux qu'elle figure dans ce costume à mes soupers de campagne.

— Cela ne sera pas difficile à Votre Excellence.

— Un soir même de représentation d'*Athalie*... afin de jouer un tour aux Bordelais.

— Ce ne sera pas le premier, répartit d'Aiguillon.

— Voyez-vous d'ici la colère de ces gros marchands en attendant leur actrice préférée, pendant qu'une de mes voitures la fera rouler sur la route de Libourne ?

Et Richelieu d'éclater de rire.

— Vous leur en voulez donc bien, monseigneur, à ces gros marchands ?

— Je l'avoue. Voisenon avait bien raison de me dire : « Que l'on ne me parle plus des Gascons ; il faut leur donner du foin ! »

— En attendant, dit le président de Gasc, qui avait saisi quelques mots à la volée, vous leur faites un féerique cadeau avec ce théâtre...

— N'est-ce pas ? fit le maréchal ; ce Louis a vraiment du mérite ; je l'ai pris au duc de Chartres, qui l'avait pris au roi de Pologne.

— Il ne peut qu'avoir gagné aux conseils de votre goût et de votre expérience, ajouta le duc d'Aiguillon ; ce théâtre est un chef-d'œuvre. L'empereur Joseph II a voulu le visiter avant qu'il fût terminé, et il en a fait mille éloges.

— Pauvre Louis ! dit le président de Gasc, qui était un homme de cœur autant que d'intelligence ; cette soirée est une compensation à tout ce que les jurats lui ont fait souffrir.

— On prétend qu'il a une fort belle femme, dit d'Aiguillon, affectant l'insouciance.

— Et qui fait avec beaucoup de grâce les honneurs de chez lui...

Puis, de temps à autre, l'attention des trois causeurs se reprenait à la tragédie et aux tragédiens. Les décorations attiraient aussi leurs égards ; il y en avait qui avaient la valeur de belles toiles d'art. C'était alors la mode des palais, des colonnes, des arcades, de tout ce qui composait la noble École française et particulièrement de l'architecture juive.

— Et à ce propos, dit le président, regardez donc là-bas Peixotto, le riche banquier israélite.

— Où ? demanda le duc d'Aiguillon.

— Aux premières galeries... à côté de madame Foa... Comme il a l'air de prendre un vif intérêt à toute cette pompeuse mise en scène d'*Athalie !*

— Eh quoi ! Peixotto est ici ? fit le maréchal de Richelieu dont le sourcil se fronça involontairement.

Le président de Gasc surprit ce mouvement et dit en souriant :

— Oui, sans doute, mon cher maréchal, il

est ici, et il n'est pas le seul : il y a encore dans la salle les Gradis, les Pereira, les Raba, toute une séquelle contemporaine de Barrabas... Et si l'on doit aujourd'hui à quelqu'un leur présence en cet endroit public, c'est assurément à votre Excellence.

— A moi ? se récria Richelieu.

— Eh ! oui, monseigneur, à votre bonté, à votre indulgence en matière de religion... Déjà, dans votre gouvernement de Languedoc, à Montpellier, cette bonté s'appliquait aux protestants ; ici, dans votre gouvernement de Guienne, ici, elle s'étend aux Juifs... Ne vous en défendez pas, cela fait l'éloge de votre cœur.

— Je me souviens, ajouta malignement le duc d'Aiguillon, du temps où il n'aurait pas été permis aux fils d'Abraham de franchir les limites de la « Nation ».

On désignait ainsi le quartier particulièrement circonscrit par les rues des Augustins et la rue Bouhaut.

A voir l'attitude embarrassée de Richelieu, le duc et le président comprirent qu'ils feraient bien de changer de conversation.

Ce n'aurait pas été la première fois que la protection qu'il accordait aux Juifs aurait passé pour intéressée.

Cette soirée fut royale en somme; le souvenir devait s'en perpétuer longtemps, et les correspondants de tous les pays en publièrent de magnifiques relations.

IV

AU VOLEUR! AU VOLEUR!

Le lendemain de cette représentation, à la première heure, une voiture, brûlant le pavé, s'arrêtait devant l'hôtel du maréchal de Richelieu, situé sur l'emplacement qu'occupe aujourd'hui la rue Vital-Carle et qui était alors environnée de jardins épais et de maisons mystérieuses.

Depuis près d'un siècle, l'hôtel du Gouvernement de Guienne, témoin de tant de désordres, était devenu un pensionnat de demoiselles ; un vertueux badigeon avait recouvert les peintures galantes et les sculptures mythologiques. C'est en 1863, qu'en perçant la rue Vital-Carle, — partant du cours de l'Intendance pour aboutir à la Cathédrale, — le cardinal Donnet, archevêque de Bordeaux, découvrit cette résidence oubliée. Le cardinal, qui était un prélat mondain, mélange de Bernis et de Maury, sourit à l'idée de s'installer à la place du maréchal de Richelieu ; il mit dans le vieil hôtel une légion d'ouvriers qui eurent bientôt fait d'en opérer le dégagement et la restauration. Excepté la salle de bal, dont la décoration à la fois guerrière et érotique rappelait les doubles triomphes à Fontenoy et à Cythère, tout a été conservé. Le rez-de-chaussée contient le grand salon de réception, le petit salon et la salle à manger qui sont d'une hauteur rare et d'une coupe admirable. Près de cent mille francs furent appliqués à rendre leur éclat primitif aux boiseries heureusement intactes sous le badigeon. Quelque temps après, les attributs, les lacs d'amour, les guirlandes, les *mai*, les houlettes, les musettes, les chapeaux de bergère, se reprenaient à courir tout le long des panneaux ; les colombes revenaient se becqueter au-dessus des portes.

Ce fut au seuil de cet hôtel qu'une jeune femme descendait de voiture, les vêtements et les cheveux en désordre. C'était la Clairville, l'héroïne du spectacle de la veille.

Elle se précipitait, plutôt qu'elle ne se dirigeait, vers un pavillon habité par un suisse herculéen, et demandait à être introduite immédiatement auprès du maréchal.

— Montame, monseigneur n'être bas engore lefé, lui répondit le colosse bardé d'un immense baudrier.

— Je le suppose bien, mon ami, dit la comédienne en lui jetant une bourse à travers le visage ; mais il faut cependant que je le voie... que je le voie sans retard... Ce que j'ai à lui dire est de la plus haute importance.

— Imbossiple.

— Tu ne me reconnais donc pas, imbécile ?

— Oh si ! montame... Montame être venue souvent dans la bedide foidure de montsir le maréchal... guand il faisait nuit... mais ça ne fait rien, j'ai ma gonzigne.

— Quelle consigne ?

— La gonzigne te monsir Gossimo.

M. Cosimo était le premier valet de chambre du maréchal de Richelieu.

— Eh bien ! va prévenir M. Cosimo, fit la Clairville.

— Pur zela, che le feux pien, répondit le suisse.

— Dis-lui que c'est moi, et qu'il faut que je parle tout de suite à M. le maréchal !.. mais va donc, va donc vite !

Et elle poussait le gros homme par les épaules.

— Tiable te femme ! grommelait celui-ci en se dirigeant sans plus de hâte vers le perron de l'hôtel.

— Eh quoi ! c'est vous, belle Clairville ! s'écria M. Cosimo ; à cette heure ! D'où vous vient cet air bouleversé ?

— Ah ! mon cher Cosimo ! quelle aventure ! Vous ne sauriez vous imaginer... Conduisez-moi au maréchal, je vous en prie !

— La peste ! Vous en parlez bien à votre aise... Vous devez savoir que le maréchal ne permet à personne d'entrer dans sa chambre avant qu'il ait sonné.

— Pas même à vous, Cosimo ?

— Pas même à moi.

Cosimo mentait en disant cela, mais il n'était pas pour rien le valet de chambre et le confident du premier courtisan de l'Europe.

— Je prends tout sur moi, mon cher Cosimo, dit la Clairville d'un accent suppliant ; il faut que je le voie sur-le-champ ; c'est une affaire des plus urgentes, croyez-moi...

— Je n'en doute point, belle dame ; mais la chose ne se peut pas ; revenez dans deux heures.

— Deux heures ! deux heures ! s'écria la comédienne en faisant les grands bras ; il n'y a pas une minute à perdre. Cosimo ! laissez-vous attendrir... Est-il seul ?

— Oui.

— Eh bien ? alors...

— N'importe, fit le valet, il est intraitable sur la question de son réveil.

— Vraiment ? Mais quand vous lui aurez dit que c'est moi... moi... sa petite Clairville.

— Raison de plus pour qu'il ne veuille pas se laisser voir en négligé.

— Mais je le connais, son négligé ! s'écria

la Clairville; il est charmant, son négligé... il aurait bien tort de se gêner pour moi...

— C'est vrai... vous, sa préférée.

— Comment! sa préférée? Il en a donc d'autres?

— Ah! madame, quelle ingénuité! Vous si spirituelle!

— Excusez-moi, Cosimo, je ne sais ou je suis... Vous avez raison, nous ne sommes pas ici pour dire des riens... L'important est que le maréchal soit seul. Il l'est. Laissez-moi pénétrer auprès de lui, je vous en conjure... Il vous en saura gré.

— J'en doute, dit le valet en hochant la tête.

— Impertinent!

— Ecoutez donc... Vous connaissez monseigneur, mais je le connais, moi aussi; je le connais à toutes les heures, tandis que vous...

— Cosimo !

— Que voulez-vous que je vous dise?... En vous faisant entrer, je risque ma place.

— Oh! non.

— Mais si, je vous l'atteste...

La Clairville le regarda fixement.

— Cosimo, demandez-moi quelque chose.

— Ah ! sorcière ! murmura-t-il.

— Eh bien ! fit-elle en frappant impatiemment du pied.

— Eh bien ! lui dit-il à demi-voix et en regardant autour de lui, il y a un emploi vacant au secrétariat de la Cour des Aydes.

— Je vous comprends.

— Je le désire pour un de mes parents.

— Est-ce du ressort du maréchal ? demanda la Clairville.

— Tout est du ressort du maréchal.

— Vous l'aurez.

— Bien vrai ?

Elle lui tendit la main.

— Entrez ! dit Cosimo en démasquant une portière.

Un formidable juron sortit du lit baldaquiné où reposait le glorieux héros.

Cosimo l'avait prévu.

Nous renonçons à donner la formule de ce juron qui était un résumé de tous les blasphèmes connus.

La Clairville, si aguerrie qu'elle fût en demeura terrifiée.

3.

— Qui va là ? s'écria Richelieu en se dressant sur son séant, les yeux étincelants de colère.

Et, s'adoucissant à demi :

— Ah ! c'est toi, Clairville ? Qu'est-ce que tu viens faire ici ? Comment es-tu entrée ?

— Ah ! monseigneur, pardonnez-moi ! dit la comédienne ; si vous saviez !...

— Si je savais quoi ? prononça-t-il en se démenant au milieu de toutes ses dentelles.

— On m'a volé mes diamants, cette nuit.

— Tes diamants ?

— Oui, monseigneur.

— Ah bah !

— Des diamants pour plus de quatre cent mille francs...

— Diantre ! c'est un chiffre, cela, ma fille.

— Il y en avait qui venaient de vous, monseigneur.

— Crois-tu ?... Tu m'étonnes... Les diamants, ce n'est pas mon fort.

Il disait vrai ; lui, le grand seigneur par excellence, n'était pas généreux ; c'était son vilain côté. Loin de donner aux femmes, il en recevait volontiers des cadeaux, et même quelquefois de l'argent. Sa correpondance en fournit des preuves.

— Et quand t'a-t-on volé ces diamants, mon cœur?

— Hier soir, pendant que je jouais au théâtre... Je les avais laissés chez moi dans mon secrétaire.

— A propos, tu as été charmante dans le rôle de Joas; je te fais tous mes compliments....

— Il s'agit bien de Joas! Il s'agit de mes diamants, monsieur le maréchal.

— C'est juste, et tu me vois très chagrin de cette aventure... Il n'y avait donc personne chez toi? La maison n'était donc pas gardée?

— Mais si, monseigneur; il y avait mon portier, ma femme de chambre, mes cuisiniers... Je n'avais emmené avec moi au théâtre que mon cocher et ma coiffeuse.

— Et qui soupçonnes-tu?

— Mais je ne soupçonne personne, monseigneur.

— Alors, il faut faire arrêter tout le monde?, dit Richelieu.

— Y songez-vous?... Je suis sûr de tous mes gens.

— On ne doit jamais être sûr de ses gens... Pareille chose m'arriverait que je jetterais tous les miens en prison, depuis le premier jusqu'au dernier, à commencer par mon factotum Cosimo et par mon valet de chambre Quimont.

— Les voleurs peuvent être venus du dehors.

— Tu supposes donc qu'ils sont plusieurs?... Ah! oui, la bande à Jean de la Réole.

— J'y ai pensé, monseigneur.

— Tu y crois donc, toi aussi, à cette fameuse bande?

— Ecoutez donc... après tout ce qu'on raconte!... Il y a trois jours, un négociant des Chartrons n'a-t-il pas encore été dévalisé?

— A ce qu'il prétend... Ces Gascons sont si vains qu'ils ne seraient pas fâchés d'avoir leur Cartouche... M. Jean de la Réole!... cela vous a un air de noblesse... Ah! que je ne le rencontre pas sur mon chemin, ce gentilhomme de galères, ce Jean-foutre de la Réole ou d'ailleurs, je lui promets pour lui et pour sa bande un gibet qui lui fera terriblement écarquiller les yeux !

— Oh ! monseigneur, que vous parlez bien ! Mais avant de le pendre, faites-lui rendre mes diamants ! dit la Clairville.

— Tu as raison.

Le maréchal sonna.

— Cosimo, courez avertir le directeur de la police, M. Lafargue, qu'il ait à se rendre ici sur-le-champ... dans quelque état qu'il soit.

— Oui, monseigneur.

Autant aurait valu dire à M. Lafargue de se rendre chez le diable que de lui dire de se rendre chez le maréchal de Richelieu.

Le directeur de la police, comme tous les fonctionnaires de Bordeaux, avait une peur bleue du gouverneur.

C'était un petit homme tout rond, au physique comme au moral. Or, la rondeur n'est pas la principale qualité qu'on exige d'un chef de la police. Marié, père de famille, casanier, M. Lafargue manquait absolument du prestige indispensable à son emploi. Loin de faire trembler les malfaiteurs, il tremblait avec eux. Les délits l'effrayaient au lieu de l'irriter. Et puis il *n'avait pas de nez*, pour parler l'argot policier. Or, n'avoir pas de nez, dans sa profession, est un brevet d'incapacité.

Arraché de chez lui et amené, la perruque de travers, par Cosimo, M. Lafargue se sentait horriblement inquiet.

Il avait raison de l'être.

Introduit dans la chambre à coucher du maréchal, la première chose qu'il aperçut fut La Clairville, que Richelieu avait fait asseoir sur son lit, en prétextant de sa surdité, d'ailleurs réelle.

Ce spectacle égrillard rassura un peu M. de Lafargue. Mais son assurance ne devait pas être de longue durée.

— Avancez, monsieur ! lui dit le maréchal de la voix la plus propre à lui rendre toutes ses craintes ; avancez et répondez.

— Je suis très humblement à vos ordres, monseigneur.

— En votre qualité de directeur de la police, vous savez sans doute tout ce qui s'est passé cette nuit ?

— A peu près, monseigneur. L'ordre n'a pas cessé un instant de régner, j'ose m'en vanter, car la besogne n'était pas mince; et à part quelques arrestations sans importance...

— Des arrestations? pour quel motif?

— Cinq ou six vauriens coupables d'avoir proféré des cris séditieux.

— Quels cris, monsieur Lafargue ?

— Veuillez me dispenser, monseigneur, dit le directeur de la police assez embarrassé.

— Mais non, mais non, je veux savoir...

— Ce sont des gens de peu... de la plus basse extraction.

— Qu'est-ce qu'ils criaient ?

— Cela ne vaut pas la peine d'être répété à monseigneur.

Et sur un geste d'impatience de Richelieu :

— Ils criaient : *A bas le gouverneur! A bas le maréchal!* Tout fait supposer qu'ils étaient pris de vin.

— Cela est probable, dit Richelieu en souriant ; le vin est si bon et à si bon marché à Bordeaux!... Mais ces manifestations me laissent indifférent... Et puis, c'est un genre de popularité comme un autre... Ainsi, monsieur le directeur, voilà, selon vous, tout ce qui s'est passé cette nuit ?

— Oui, monseigneur.

— Vous ne savez rien de plus ?

— Rien de plus. Les rapports de mes agents s'arrêtent là.

— Vos agents sont des imbéciles, monsieur !...

M. Lafargue sentait venir l'orage.

Richelieu continua :

— Et vous, monsieur Lafargue, vous n'êtes qu'un aveugle.

Et comme le directeur restait ébahi, Richelieu tira de dessous son oreiller des tablettes qu'il lui fit passer devant les yeux.

— Voici mes rapports à moi, dit-il ; écoutez et apprenez.

Il parcourut rapidement quelques feuillets.

— Savez-vous que dans le premier entr'acte du prologue à la tragédie, le chevalier de Lastic s'est pris de querelle avec M. de Verthamont, et qu'une rencontre a été convenue pour ce matin dans un enclos de Terre-Nègre ?

— Non, monseigneur, balbutia M. Lafargue.

— Savez-vous que la petite mercière du coin de la rue Corbin a été enlevée du magasin de son père, *Au Nœud d'épée*, par des inconnus ?

— Est-il possible ?

— Savez-vous que son Éminence, l'archevêque, n'est pas rentré cette nuit à son hôtel ?

— Non, monseigneur, dit le directeur de la police, de plus en plus confus.

— Enfin, interrogez mademoiselle, dit Richelieu en montrant la Clairville.

M. Lafargue s'inclina le plus galamment qu'il put.

— Elle vous apprendra que cette nuit même on lui a volé tous ses diamants.

— Ah ! mon Dieu ! s'écria le pauvre homme.

— Oui, monsieur, à la barbe de vos agents !

— Hélas ! je les avais tous massés sur la place de la Comédie et aux alentours.

— Et vous laissiez les faubourgs dégarnis.

— Mais comment cela a-t-il pu se faire ? disait M. Lafargue en se désolant.

— Comment ? Ah ! comment !... Clairville,

mets M. le directeur de la police au courant de ce qui se passe quand il veille ; raconte-lui ton aventure.

M. Lafargue écouta, dans le plus profond recueillement, le récit syncopé de la comédienne.

Quand elle eut terminé :

— Eh bien ! qu'en pensez-vous, monsieur ? dit Richelieu.

M. Lafargue avait réfléchi, et prenant une pose solennelle, comme s'il croyait se tirer d'affaire :

— Je pense, monsieur le gouverneur, qu'il y a du Jean de la Réole là-dessous.

Rien ne pouvait être plus maladroit que cette parole dans la circonstance actuelle.

Elle détermina une nouvelle explosion de colère chez le maréchal, excédé de ce nom depuis quelque temps.

— Ah ! ça ! s'écria-t-il, ce n'est donc plus moi qui gouverne ici ? c'est M. Jean de la Réole ! Ma ville de Bordeaux est au pouvoir de Jean de la Réole ! Il y vit, il s'y promène, il y agit en toute sécurité. Il y viendra bientôt voler chez moi ! En vérité, c'est une honte. Un drôle de la plus vulgaire espèce, sans doute.

— Hélas ! monseigneur, c'est ce qui vous trompe, répondit M. Lafargue. Si ce malfaiteur effronté a échappé jusqu'ici à ma police, c'est qu'il sait au besoin jouer l'homme de qualité.

— Quel est son signalement ?

— Nous ne le possédons pas encore d'une manière bien exacte.

— Son âge ?

— Il est jeune, voilà ce qu'on en sait... leste, robuste, habile à tous les déguisements.

Le maréchal haussa les épaules.

— Ah ! comme La Reynie aurait eu vite fait de me débarrasser de ce coquin !

Et, de son ton le plus impératif :

— Ecoutez bien, monsieur Lafargue... Si d'ici à huit jours vous n'avez pas mis la main sur Jean de la Réole, et si vous n'avez pas retrouvé les diamants de Clairville, je demanderai votre remplacement à Paris.

M. Lafargue se courba sans mot dire, et il allait s'éloigner, lorsque le maréchal eut pitié de lui et le rappela.

— Eh bien ! monsieur, lui dit-il, voyons, qu'allez-vous faire ?

— Ce que je vais faire, monseigneur ?... je vais... je vais me recueillir.

— Superbe idée ! dit Richelieu en éclatant de rire ; allons, monsieur Lafargue, je veux bien vous épargner cette peine et faire pour un instant votre métier.

— Oh ! monseigneur, que d'obligations !

— Vous allez envoyer immédiatement des courriers dans toutes les directions, sur toutes les routes, au cas où les diamants seraient déjà sortis de la ville...

— Oui, monseigneur.

— Pour le cas contraire, c'est-à-dire pour le cas où, comme je le suppose, les diamants seraient encore à Bordeaux, employez une partie de vos agents à fouiller les repaires des brocanteurs, et surtout ces obscures boutiques de la rue du Mirail, de la rue Tombe-l'Olly... Pendant ce temps-là, faites mander dans vos bureaux tous les propriétaires de grands et de petits hôtels... N'oubliez pas non plus les sérails (il se servit d'un autre terme); c'est important ; allez-y vous-même, allez chez *la Baronne*, chez *l'Araignée*, chez *la Hollandaise*, chez *la Jolie-Blonde*... allez-y de ma part...

— Oh! monseigneur! fit M. Lafargue.

— Oui, oui... elles me connaissent bien... elles m'appellent leur père... Eh bien! dites-leur que leur père fera fermer leurs maisons si elles s'avisent de ne pas vouloir dénoncer les coupables... Allez, et que tout cela soit fait dans un jour... N'oubliez pas aussi de passer chez Clairville; rendez-vous compte de la disposition de ses appartements et des murs environnants... Monsieur Lafargue, à bientôt!

La Clairville était émerveillée; elle voyait déjà ses diamants retrouvés, et, dans son enthousiasme :

— Ah! monsieur le maréchal, quel génie vous avez!

Richelieu daigna lui sourire et les congédia tous deux du geste.

Il allait procéder à son lever et à sa toilette, cérémonie de la plus haute gravité, à laquelle étaient convoquées chaque matin la Chimie et la Peinture.

V

FIGURES DE POLICE

Il serait difficile d'exprimer l'état de trouble dans lequel M. Lafargue rentra chez lui. Il lui sembla que sa tête avait acquis les proportions de la grosse cloche de la tour Saint-James. Pourtant ce qui lui arrivait n'aurait eu rien que de fort ordinaire pour tout autre que lui. On lui demandait de happer un voleur et de retrouver des bijoux. Deux choses bien simples assurément. Mais nous avons dit que le chef de la police de Bordeaux n'était pas à la hauteur de son emploi.

Comme toutes les âmes faibles, il avait un confident : c'était son premier commis Dutasta.

Homme de bon conseil, Dutasta avait souvent tiré M. Lafargue d'un mauvais pas.

En le voyant revenir plus bouleversé qu'il n'était parti, Dutasta jugea que l'entretien avec le gouverneur avait dû être chaud.

Et lorsque M. Lafargue lui eut tout raconté, il resta d'abord silencieux et soucieux.

— Eh bien! Dutasta, que pensez-vous de la situation?

— Difficile, monsieur, très difficile! répondit le premier commis.

— N'est-ce pas? Il faut mettre tous nos hommes en campagne.

— Quels hommes?

— Les hommes de notre personnel, parbleu!

— Des machines..., des brutes! dit Dutasta en avançant la lèvre d'un air de dédain; ce n'est point de ces hommes-là que vous avez besoin; il ne vous en faudrait qu'un, mais intelligent, avisé, rusé...

— Eh! quoi, un pareil homme ne peut-il se trouver dans toute ma police?

Dutasta fit un geste de dénégation.

— Pas un seul sujet? dit M. Lafargue avec un étonnement douloureux.

— Il y avait bien quelqu'un, il y a deux mois... mais M. le directeur l'a renvoyé.

— Qui donc ?

— Sernin. Il commandait la brigade des *mouches*.

Mouches ou *observateurs*, tel était le nom qu'on donnait aux espions du dix-huitième siècle.

— Sernin ?... je m'en souviens, dit M. Lafargue ; un assez mauvais sujet... J'ai dû le renvoyer pour un motif des plus graves ; il vendait ses renseignements aux particuliers. Et puis, perdu de mœurs...

— Eh ! monsieur le directeur, on ne peut pas exiger chez ces gens-là plus d'austérité que chez ceux qu'ils sont chargés de surveiller ! Sernin aura été desservi auprès de vous.

— Par ma femme, c'est vrai... c'est elle qui m'a demandé son renvoi.

— Sernin rachetait sa légèreté de conduite par des qualités précieuses. Nous ne l'avons pas remplacé. Il nous serait très utile aujourd'hui.

— Croyez-vous, Dutasta ?

— J'en suis sûr ; Sernin a une certaine

éducation, de certaines manières... personne ne sait mieux que lui s'introduire dans une famille.

— Eh ! mais, ne pourrait-on le retrouver ?

— Cela doit être possible... Il demeurait, il y a deux mois, dans une maison de la petite place Saint-Rémy.

— Courez-y, Dutasta... Ne négligeons de mettre aucune carte dans notre jeu... Je veux parler moi-même à ce Sernin.

— Mais si madame Lafargue vient à apprendre... dit le premier commis avec ce sourire de la domesticité gros de venin.

— Le bien de l'Etat, avant tout, mon cher ; nous verrons ensuite à apaiser ma femme.

La petite place Saint-Rémy prenait et prend encore sa modeste ouverture dans la rue du Pont-de-la-Mousque, une rue parallèle à celle du Chapeau-Rouge, aussi sombre et aussi étroite que la rue du Chapeau-Rouge est large et éclairée.

Dans l'une des maisons de ce petit carré, la plus petite et la plus ancienne, habitait, au deuxième étage, un jeune ménage ou supposé tel. L'homme avait vingt-cinq ou trente ans ; la femme dix-huit à peine. Comment vivaient-ils ? de quoi vivaient-ils ? Il eût été difficile de le savoir, car jamais maison ne fut mieux faite pour garder ses secrets. Le rez-de-chaussée était occupé par la boutique d'un charbonnier, noire comme comme une eau forte de Rembrandt ou comme l'âme d'un prêteur sur gages. Une porte d'allée presque toujours fermée conduisait aux étages supérieurs, qui n'étaient qu'au nombre de deux. Le premier servait de logement à une vieille dame paralytique, qui n'en était pas sortie depuis quatorze ans.

Nous avons dit que le second abritait un jeune homme et une jeune femme, que l'on croyait mariés et qui n'étaient qu'unis.

Le jeune homme était ce Sernin, dont il vient d'être question entre M. Lafargue et Dutasta. Ce dernier avait eu raison de le peindre sous d'agréables couleurs. Sernin était un de ces jolis batteurs de pavé comme se sont plu à les dessiner les Saint-Aubin et les Duplessis-Bertaux, l'air hardi, le nez au vent, le chapeau tricorne sur l'oreille. Les grisettes le reluquaient lorsqu'elles le voyaient passer, le jarret tendu, dans la rue Sainte-Catherine, et non seulement les grisettes, mais encore les bourgeoises. Il faut dire que Sernin ne mentait pas à sa mine, et M. Lafargue avait eu raison en le qualifiant de mauvais sujet. Souventes fois, le chef de la police avait dû recevoir les confidences et les plaintes des maris trompés par Sernin et battus par Sernin. On comprend qu'à la fin il se fût résigné à se priver des services d'un *observateur* si disposé à passer au rôle d'acteur.

Mais M. Lafargue aurait dû prévoir ceci : c'est que lorsque Sernin ne serait plus avec la police, Sernin pourrait bien être contre la police. Nous n'en dirons pas davantage pour le moment. Nous nous contenterons de remarquer que la perte de son emploi n'avait modifié en rien les habitudes de Sernin ; il continuait de se montrer aux mêmes endroits et de fréquenter les mêmes compagnies : il semblait qu'il fût resté une *mouche* honoraire. Comme autrefois, ses absences duraient souvent deux ou trois jours, sans qu'il fût possible de leur trouver une explication quelconque.

Et cependant une affection l'attendait à son logis et aurait dû l'y retenir. Nous voulons parler de cette jeune femme qui habitait avec lui la maison de la petite place Saint-Rémy. On ne la connaissait que sous le nom de Roberte, et l'on ne savait d'elle autre chose sinon que c'était une petite bouquetière ambulante que Sernin avait ramenée une nuit chez lui à moitié évanouie, après l'avoir délivrée d'une agression de trois hommes, que l'on prétendait être des émissaires de M. de Fronsac, le fils du maréchal de Richelieu. Depuis cet événement, Roberte avait cessé d'aller vendre ses bouquets par les rues, et la reconnaissance aidant, elle était restée avec Sernin, qui paraissait l'aimer véritablement.

Ce n'était pas que son existence avec lui fût précisément heureuse ; d'abord, elle ne sortait que rarement ; c'était le contraire de Sernin. Et puis la confiance manquait entre eux deux : Sernin ne lui avait appris de sa vie et de ses antécédents que ce qu'il avait bien voulu lui apprendre, lui laissant à soupçonner ou à deviner le reste. Elle souffrait de ses absences, sur lesquelles elle n'osait l'interroger, car alors le front du jeune homme se rembrunissait, et ses réponses toujours évasives étaient proférées d'un accent brusque et même brutal.

Un autre sujet d'étonnement pour Roberte, c'étaient les visites bizarres que Sernin recevait. Toute la journée, des gens à visage sinistre, ou tout au moins hétéroclite, venaient le demander, mais elle n'assistait jamais à leurs conversations ; chaque fois, Sernin trouvait un prétexte pour la renvoyer dans sa chambre.

Leur très modeste appartement n'était composé que de trois pièces tristes et mal éclairées, avec des murailles nues et des meubles sans caractère. Cela n'était pas la pauvreté, mais cela y ressemblait beaucoup.

La veille du jour où nous introduisons le lecteur dans cet humble intérieur, Sernin était rentré assez tard : cependant, Roberte n'était pas encore couchée ; elle cousait à la lueur d'une chandelle.

— Encore debout ! murmura-t-il.

— Je vous attendais, mon ami.

— Vous savez bien que je vous ai défendu de m'attendre.

Elle soupira.

Mais en levant les yeux sur lui, elle eut un mouvement de surprise. Sernin était extrêmement pâle ; il avait l'air égaré ; ses vêtements étaient souillés.

— Eh ! bon Dieu ! ne put-elle s'empêcher de s'écrier, d'où venez-vous, Sernin ? Comme vous voilà fait ! Il y a de la terre et du plâtre à vos mains ; on dirait que vous avez escaladé un mur...

— Je suis tombé, en effet !... Oui, j'ai été bousculé à la sortie du théâtre... Ce n'est rien...

Elle reprit :

— Mais vous paraissez tremblant... N'auriez-vous point froid ? Voulez-vous que je vous fasse du feu ?

— Laissez, Roberte, laissez... je vous dis que ce n'est rien... Il y avait une telle foule à ce spectacle d'ouverture qu'il est tout simple que j'aie été un peu meurtri.

— Etait-ce bien beau, mon ami ?

— Magnifique !... le maréchal de Richelieu avait un habit tout brodé d'or.

— Et les femmes ?... couvertes de bijoux et de diamants, n'est-ce pas ?

— Des diamants, oui... des diamants...

Sernin avait un air étrange en prononçant ces mots. Il semblait surtout ne pouvoir supporter le regard de Roberte.

— Allez reposer, lui dit-il avec effort.

— Vous laisser dans l'état où je vous vois ?

— Oui... j'ai besoin d'être seul... Allez... et quelque bruit que vous entendiez dans cette chambre, ne vous étonnez de rien.

— Du bruit ?

— Allez ! bonsoir, Roberte.

— Bonsoir, Sernin, dit-elle en s'éloignant lentement, très intriguée et très inquiète par ces dernières paroles.

Elle ne ferma pas l'œil de toute la nuit.

Pendant longtemps, elle entendit Sernin aller et venir dans sa chambre, parler à haute voix, déplacer des chaises, ouvrir et fermer des tiroirs, frapper aux murs comme pour y chercher des cavités, donner des coups de marteau aux poutres du plafond, au-dessus duquel il n'y avait que le toit. Pour plus de sécurité, il s'était enfermé à clef.

Ce manège dura jusqu'au point du jour. Alors, elle n'entendit plus rien, mais elle n'en fut pas plus tranquille. Elle jugea que Sernin avait cédé à la lassitude et qu'il s'était endormi. Se levant, elle alla sur la pointe du pied regarder par le trou de la serrure : elle l'aperçut, en effet, étendu tout habillé sur son lit.

Vers onze heures, on cogna tout à coup à la porte.

Ce fut Roberte qui, la première, en fut réveillée ; mais enfermée, elle ne put qu'avertir de la voix Sernin, encore plongé dans un lourd sommeil.

Effaré, il se jeta à bas du lit et demanda :

— Qui est-ce qui frappe ? et qu'est-ce qu'on me veut ?

— De la part de la police, répondit-on.

Ces mots n'étaient pas faits pour dissiper l'espèce de trouble auquel il était encore en proie.

De l'autre côté, Roberte, pressentant un danger, disait à petits cris :

— Ouvrez-moi, Sernin, ouvrez-moi !

La tête égarée, Sernin commença par ouvrir à la jeune femme.

— Je suis perdu ! lui dit-il en se jetant au-devant d'elle.

Roberte n'eut besoin que d'un coup d'œil pour remarquer le désordre dans lequel était restée la chambre ; — puis, le premier objet qu'elle aperçut fut un riche collier gisant à terre.

Sernin avait suivi la direction de son regard ; tous deux se précipitèrent pour le ramasser, et leurs yeux se rencontrèrent alors, pleins d'épouvante chez celui-ci, pleins de douleur chez celle-là.

On continuait à cogner à la porte en appelant Sernin.

— Ouvrez donc! dit Roberte, après avoir fait disparaître le collier.

Et comme il ne bougeait pas, elle alla ouvrir elle-même. Son dernier regard avait ramené Sernin au sentiment de la prudence.

Il reconnut le premier commis de M. Lafargue.

— M. Dutasta? dit-il.

— Moi-même, répondit celui-ci ; il paraît que vous faites la matinée grasse, mes tourtereaux!

— Qui aurait pu se douter?... balbutia Sernin.

— Allons, mon jeune ami, mettez votre habit et suivez-moi sur-le-champ.

— Où cela?

— Chez M. le directeur de la police.

— M. le directeur... Que me veut-il?

— Il vous le dira lui-même.

Bien que M. Dutasta fût seul, son apparition ne présageait rien de bon à Sernin ; aussi songea-t-il sérieusement un instant à passer par-dessus son corps et à prendre la fuite. Mais qui lui répondait que la porte de la rue n'était pas gardée?

Roberte suivait tous ses mouvements avec une horrible anxiété et semblait lire dans son esprit. Elle ne se sentit un peu rassurée que lorsqu'elle le vit suivre docilement M. Dutasta.

Au bas de l'escalier, il craignait de trouver des gardes, mais il en fut quitte pour la peur. Une fois dehors, M. Dutasta se contenta de passer son bras sous le sien, et encore était-ce plutôt une marque de familiarité qu'une mesure de sûreté.

Sernin commençait à respirer plus à l'aise, mais il n'en était pas moins vivement intrigué.

— A présent que nous voilà seuls, M. Dutasta, continuerez-vous à me cacher ce que vous voulez de moi?

— Voyons, mon jeune ami, si je vous faisais faire votre paix avec le directeur?

— J'en serais aise, monsieur Dutasta, mais...

— Mais, quoi?

— Cela ne me paraît pas facile.

— Pourquoi donc?

— Ah! pourquoi... pourquoi!...

Et un sourire passa sur les lèvres du jeune homme.

— Vous voulez parler des circonstances qui ont provoqué votre renvoi?... dit M. Dutasta, qui ne le perdait pas de vue.

— Peut-être, dit Sernin, rendu à l'état de défiance.

— Et auxquelles on prétend que madame Lafargue n'a pas été étrangère... hein?

Sernin, à son tour, eut un regard oblique vers son compagnon.

— Monsieur Dutasta, monsieur Dutasta ! dit-il, vous voulez me faire parler ?

— Eh non ! mon garçon, je sais trop bien à qui je me frotte ; mais enfin, je suis curieux, je l'avoue avec bonhomie...

— Ne le laissez pas voir, au moins.

— Cependant, si je vous fais rentrer en grâce auprès du directeur, comment reconnaîtrez-vous ce service ?

— Je mettrai tout mon dévouement à votre disposition.

— Très bien ; mais je ne vous en demande pas tant.

— Je ne vois pas alors de quelle manière je pourrai m'acquitter envers vous, monsieur Dutasta.

— C'est que vous ne voulez pas me comprendre.

— Expliquez-vous mieux.

— Eh bien ! promettez-moi, mon cher Sernin, de me raconter cette petite aventure.

— Quelle petite aventure ?

— Oh ! vous êtes insupportable... Votre petite aventure avec la femme du directeur.

— Soit, dit Sernin en riant, je vous raconterai cela un de ces jours.

On était arrivé chez M. Lafargue.

Celui-ci ne s'amusa pas à lui faire faire antichambre, ce à quoi il n'eût pas manqué en toute autre occasion.

— Passons l'éponge sur le passé, dit-il à Sernin. Vous connaissez, n'est-ce pas, les événements de cette nuit ?

— Mais non, mais non... je ne connais rien ! se hâta de répondre Sernin.

— Vous ne l'avez donc pas mis au courant, Dutasta ?

— Non, monsieur.

— Faisons vite alors.

Et se plantant tout à coup devant Sernin, il lui jeta ces mots à la figure :

— On a volé les diamants de la Clairville. Il faut que vous nous les rendiez.

Autant de mots, autant de coups de pistolet !

Sernin devint pâle comme la mort.

Il se crut découvert et fut près de tomber aux genoux de M. Lafargue.

— Rendre les diamants ? balbutia-t-il d'un air effaré.

— C'est-à-dire nous aider à les retrouver.

— Moi !... Vous avez compté sur moi ?

— Sans doute, répondit M. Lafargue ; Dutasta m'a parlé de vous comme d'un homme habile.

— M. Dutasta est trop bienveillant, dit Sernin, dont les regards allaient de l'un à l'autre comme pour s'assurer qu'on ne lui tendait pas un piège.

Mais pourquoi auraient-ils mis tant de façons avec lui ? Et s'ils se méfiaient, que ne l'accusaient-ils directement du vol qui avait eu lieu cette nuit ?

Non, ils étaient à mille lieues d'un semblable soupçon ; il suffisait, pour s'en convaincre, d'examiner la placidité de leurs physionomies.

Aussi Sernin reprit-il peu à peu son assurance et se prépara-t-il à recevoir de son mieux les ouvertures du directeur de la police.

— Eh bien ! Sernin, dit M. Lafargue, nous êtes-vous tout acquis ?

— Cela dépend, répliqua cavalièrement Sernin qui se vit en un instant maître de la situation.

— Que voulez-vous dire ?

— Eh ! mais, continua-t-il, je croyais ne plus appartenir à l'administration de la police.

M. Lafargue se mordit les lèvres et regarda M. Dutasta, qui évita sournoisement ce regard.

— Il y erreur, malentendu... N'est-il pas vrai, Dutasta ? murmura M. Lafargue.

— Je crois que oui.

— J'ai reçu un congé si brutal, si peu justifié...

— Ne parlons plus de cela. Dutasta, vous veillerez à ce que Sernin soit rétabli dans ses fonctions.

Sernin hésitait toujours.

— Mes fonctions... Mes fonctions se résument en bien peu de choses et ne me laissent qu'une liberté d'action bien restreinte. Il existe d'autres fonctions au-dessus des miennes.

— Celles de Forastié... je sais... Mais il n'y a aucun motif pour déposséder Forastié.

— Il n'y avait également aucun motif pour me déposséder, moi.

— Eh bien ! on verra... dans quelques jours...

— Dans quelques jours, il sera peut-être trop tard. J'ai besoin, pour agir, des pleins pouvoirs de Forastié et des hommes dont il dispose.

— Pour agir? répéta M. Lafargue, sur qui ces mots semblaient produire un effet magique.

Agir ! c'était la chose à laquelle le bon directeur de la police s'entendait le moins. Et ce qu'il n'avait osé avouer à Sernin, et ce qu'il n'osait s'avouer à lui-même, c'est que sa visite d'il y a quelques instants chez la Clairville n'avait eu aucun résultat. Il avait eu beau écarquiller les yeux, doubler ses prises de tabac d'Espagne, frapper de sa canne à pomme d'or, il n'avait vu, en dehors de l'agitation de la comédienne, qu'une maison parfaitement tranquille, un portier à son poste faisant sa partie de cartes avec un voisin, des femmes de chambre allant et venant, le saluant de leurs plus accortes révérences, un maître d'hôtel imposant, rêvant à son dîner du soir. M. Lafargue avait interrogé tout le monde sur les événements de la nuit, et tout le monde lui avait répondu qu'on ne savait ce qu'il voulait dire. Vainement avait-il tâché de s'emporter, il en avait été pour ses frais de colère simulée. Consciencieux jusqu'au bout, il avait voulu faire le tour du jardin, qu'on lui avait particulièrement recommandé, et il n'y avait constaté que le bon état des arbres à fruits. Bref, il était sorti de cette maison sans y avoir recueilli un seul indice, pas même le moindre soupçon, et il avait dû reconnaître une fois de plus son insuffisance en matière policière. Voilà pourquoi il se livrait si absolument à Sernin.

— Agir, murmura-t-il, vous avez raison, il faut agir, et sans perdre de temps. Je vais donner des ordres pour que vous ayez la place de Forastié. Etes-vous content ?

— Encore une chose, monsieur le directeur.

— Oh ! vous êtes exigeant !

— Exigeant, en effet, souligna Dutasta.

— Que voulez-vous ? dit Sernin ; chacun a sa manière de travailler. J'ai besoin d'un aide, d'un collaborateur, dont le dévouement et dont les aptitudes me sont depuis longtemps connues. Moi, je ne peux rien faire sans Loupiac.

— Loupiac ! dit M. Lafargue ? Qu'est-ce que c'est que cela ?

— Loupiac est mon bras droit, mon indispensable... un très aimable garçon, d'ailleurs.

— Vraiment ? Eh bien ! adjoignez-vous Loupiac, je n'y vois pas d'inconvénients.

— C'est qu'il y a une petite difficulté, monsieur le directeur.

— Laquelle ?

— C'est que Loupiac est en ce moment au fort du Hâ.

— Comme employé ? demanda candidement M. Lafargue.

— Pas tout à fait.

— J'entends. Dutasta, avez-vous entendu parler de ce Loupiac ?

— Oui, monsieur, comme d'un chenapan fieffé.

— Diable !

— Permettez, dit Sernin, ce n'est pas positivement d'un honnête homme que j'ai besoin pour adjoint.

— C'est juste, dit M. Lafargue ; et puis, nous n'avons pas le droit d'être difficiles dans les circonstances actuelles... Dutasta, vous accompagnerez Sernin au fort du Hâ et vous l'aboucherez avec son camarade. Voici un ordre d'élargissement, au cas toutefois où ce Loupiac ne serait détenu que pour des peccadilles.

— Oh! de véritables peccadilles ! s'écria Sernin.

— Hum ! ce n'est pas ce qui ressort de l'examen de son dossier, répliqua Dutasta.

— Enfin, fermez les yeux pour le moment, dit le directeur ; nous avons la main forcée. Une fois qu'ils seront ensemble, espérons que ces deux gaillards feront de la bonne besogne.

— Comptez-y, dit Sernin.

— Surtout, agissez rapidement.

— Soyez tranquille, monsieur le directeur.

— Allez !

Mais Sernin demeurait toujours immobile devant M. Lafargue.

— Qu'y a-t-il encore ? demanda celui-ci étonné.

— Monsieur le directeur ne devine pas ?

— Pas du tout. J'ai l'entendement tellement troublé par cette série d'événements...

— Eh mais, un bon sur votre caisse m'est absolument nécessaire pour mes premiers frais. Il faut que vous m'ouvriez un crédit.

— C'est trop juste.

Et M. Lafargue signa le bon demandé.

VI

SORTIS DU FORT DE HA

Le fort du Hâ a été longtemps la Bastille de Bordeaux.

Il fut bâti sous Charles VII, à l'une des extrémités de la ville, en même temps que le Château-Trompette, auquel il était destiné à faire pendant. Tandis que le Château-Trompette surveillait les riverains et une partie des citadins, le fort du Hâ surveillait les habitants de la campagne. Le château était plus étendu, le fort était plus compliqué. Ceint de remparts et de fossés, sa forme était celle d'un parallélogramme flanqué de tourelles en poivrière, environné de plusieurs grosses tours, les unes carrées, les autres rondes, (une de celles-ci existe encore). Quatre ou cinq maisons encloses lui donnaient un aspect de petite ville ; joignez-y portes ouvrant sur les champs et sur les rues, avec pont-levis et tout l'attirail militaire obligé.

Le commandant du fort du Hâ se trouvait au greffe lorsque M. Dutasta et Sernin s'y présentèrent.

— Un nouveau pensionnaire ? demanda-t-il en désignant celui-ci du regard.

— Non, un visiteur, tout simplement, répondit M. Dutasta.

— Excusez-moi, monsieur, dit le commandant à Sernin ; votre figure ne me semblait pas inconnue.

— Vous ne vous trompez pas, commandant, fit Sernin ; vous m'avez vu, en effet, et plusieurs fois, mais je n'ai jamais été chez vous qu'un oiseau de passage.

— Ah ! je savais bien ! murmura le commandant.

— M. Sernin, devenu un de nos employés... dit M. Dutasta en intervenant comme dans une présentation.

— Messieurs, qui est-ce qui me vaut cette fois l'avantage de votre visite?

— Nous venons voir un de vos prisonniers.

— Mes prisonniers sont peu nombreux, hélas! soupira le commandant; nous sommes dans la morte-saison, et cependant, si j'en crois la rumeur publique, ce ne sont pas les méfaits qui manquent à Bordeaux. Par où passent donc les malfaiteurs? Vous ne m'envoyez plus personne, monsieur Dutasta; cela n'est pas bien. Une prison vide n'a plus de raison d'être... Ils ne sont plus, les beaux jours du fort du Hâ!

— Consolez-vous, commandant; les temps vont peut-être changer.

— Dieu vous entende, monsieur Dutasta!... Mais quel est celui de mes prisonniers que vous voulez voir? Justement tout mon petit monde est réuni au préau.

— C'est le nommé Loupiac.

— Ah! ah! Loupiac! Un fidèle, celui-là, un habitué... Il ne passe jamais plus de six mois sans venir nous voir... Loupiac! un bon diable qui a le don de me réjouir! Si Loupiac ne me restait pas, je crois que je deviendrais hypocondre.

— Diable !

— Quoi ? dit le commandant.

— C'est que nous venons vous enlever Loupiac.

— Comment ?

— Nous sommes vraiment désolés... Voici l'ordre signé de M. Lafargue.

— Loupiac, me quitter ?

— Affaires majeures... Service particulier.

— Je n'ai qu'à m'incliner. Messieurs, suivez-moi.

Le préau était situé dans une partie reculée du fort. En cheval de retour qu'il était, Sernin distingua du premier coup d'œil l'individu qu'il cherchait au milieu d'une vingtaine de détenus.

C'était un gros homme de quarante ans environ, au teint très coloré.

Sernin alla immédiatement se planter devant lui.

Le gros homme s'écria :

— Té ! Jean !

Mais au regard terrible que lui lança Sernin, Loupiac comprit qu'il avait laissé échapper une imprudence, et il aurait voulu ravaler sa langue.

Sernin éclata d'un rire nerveux.

— Allons, dit-il, il me prend pour un autre, il ne reconnaît pas son ami Sernin, son bon ami Sernin... Ingrat, va !

— Moi, né pas té réconnaître ! Y songés-tu ? répliqua Loupiac en se remettant aussitôt ; ainsi tu ne m'as pas ouvlié... Ce cher Sernin !

— Oui, Sernin, qui vient te rendre à la liberté...

— Est-ce possivle ?

Les deux amis se précipitèrent dans les bras l'un de l'autre.

— Quel attendrissant spectacle ! dit Dutasta ; leur hâte doit être grande de se trouver en tête à tête... Venez, Loupiac : venez, mes enfants ! ajouta-t-il en les entraînant vers la porte de la prison.

Et tout bas :

— Il me tarde de les voir tous deux à l'œuvre !

Les deux amis se dirigèrent vers la rivière, d'abord parce que l'eau a de tout temps attiré les philosophes, ensuite parce que les bords de la Garonne sont peuplés de riants cabarets, propices aux confidences, et que Sernin et Loupiac avaient beaucoup de confidences à se faire. Ils s'y dirigèrent par cette suite de *cours* plantés d'arbres qui conservèrent longtemps le nom de *fossés* : — fossés des Tanneurs, fossés Saint-Éloi, fossés Bourgogne, et qui représentaient déjà le vieux Bordeaux.

Après s'être assurés qu'ils n'étaient pas *filés*, ils entamèrent bientôt le chapitre des effusions.

Loupiac ne se lassait pas de répéter comme dans les tragédies :

— Ah! combien ta présence a de charme pour moi !

Et il ajoutait :

— A vrai dire, je t'attendais d'un jour à l'autre, mon cher Jean, car tu n'es pas homme à laisser les amis dans la peine.

Ce à quoi Sernin répondait :

— Débarrasse-toi donc, animal, de cette

habitude de m'appeler Jean à tout propos. Tu m'as fait frémir tout à l'heure.

— Qué beux-tu? C'est plus fort que moi. Et puis, il y a plus d'un Jean à la foire.

— Je veux être appelé Sernin.

— C'est convenu, mon cher Jean. Mais dépêche-toi de mé donner des nouvelles dé tous les camarades. Comment bont-ils? Y a-t-il longtemps que tu les a bus?

— Ils mènent une existence de coqs en pâte ou de moines italiens : je crains même qu'ils ne s'amollissent à force de bien-être.

— Capédébious! emboie-moi en neubaine avec eux ! s'écria Loupiac.

— Non, je te réserve un rôle plus important auprès de moi.

— Tant mieux!... Depuis deux mois que j'étais en prison, jé mé rouillais, en bérité.

Comme ils passaient devant la grosse tour Saint-James, Loupiac tira sa montre pour la mettre à l'heure.

— Parbleu! dit Sernin, si je ne venais pas de voir il y a quelques minutes la montre du commandant du fort du Hâ, je croirais que c'est elle...

Loupiac se mit à rire.

— Tu né té trompes pas, dit-il; c'est bien elle, en effet... Jé n'ai pas boulu quitter lé fort sans emporter un soubénir du digné commandant.

— Eh! mais, tu ne te rouilles pas autant que tu veux bien le dire.

— Je m'entretiens la main, boilà tout.

— Bon pour une fois de temps en temps, mais ce n'est pas pour travailler si petitement que je t'ai délivré.

— Pourquoi est-ce donc ?

— Apprends que l'État a de grands projets sur moi.

— Sur moi ? L'État ?

— Il a distingué mes mérites, et dès aujourd'hui il m'a confié une mission à laquelle je veux bien t'associer.

— Merci, mon cher Jean. Quelle mission ?

— Une mission... de confiance.

— La confiance, c'est mon fort.

— Nous devons rechercher, moi et toi, d'habiles malfaiteurs qui ont jusqu'ici échappé plus ou moins à la justice, et qui répandent l'effroi dans le public où ils sont connus sous le nom de la bande à Jean de la Réole.

— Tu dis ?

Loupiac ouvrit une bouche démesurée et regarda Sernin comme s'il avait mal entendu. Puis, ce fut une hilarité débordante, et qui semblait ne point avoir de terme.

— La bande à Jean de la Réole ! exclama-t-il en imprimant à son ventre les oscillations les plus désordonnées ; nous sommes chargés d'arrêter la bande à Jean de la Réole ?

Sernin ne put que faire un signe de tête affirmatif ; puis, à son tour, il tomba dans la même hilarité que Loupiac.

Les deux Gascons en eurent pour cinq minutes à s'esclaffer réciproquement.

Loupiac reprit le premier :

— Et, en attendant que nous mettions la main sur Jean de la Réole, ce qui peut nous prendre beaucoup de temps...

— Un temps considérable !

— Incalculable !

— Enorme !

— Immense !

— Qui est-ce qui subviendra à nos dépenses ? demanda Loupiac.

— Nous vivrons aux frais de l'État.
— Cela peut le mener loin, l'État.
— Très loin !
— Plus loin qu'il ne s'en doute. Pauvre État !
— Ne vas-tu pas t'apitoyer sur son compte ? dit Sernin.
— Laisse-moi rire encore.

La porte des Salinières allait s'offrir à leurs regards, ouvrant sur une vaste place en demi-cercle faisant face au fleuve, dont la largeur était majestueuse à cet endroit et où on devait construire plus tard l'immense pont qu'on admire aujourd'hui. De cette extrémité, le coup d'œil du port et de la ville, se déployant sur un arc de près d'une lieue d'étendue, était magnifique, éclairé surtout par un beau soleil de printemps. La Garonne, aux petits flots frisotants et limoneux, balançait une multitude de navires de toutes dimensions et de toutes coupes, pavoisés aux couleurs de toutes les nations : bricks, trois-mâts, galiotes hollandaises rebondies comme des ventres de commode, barques de plaisance peintes et ornées à la vénitienne, canots étroits filant comme des flèches. Devant la porte des Salinières étaient plus particulièrement rangés et serrés les uns contre les autres les bateaux dits de cabotage, les longues et lourdes gabarres, les chasse-marée bretons et normands, humbles bateaux aux voiles grises ou rougeâtres, portant, malgré leur pauvreté, des noms sonores : la *Belle-Amélie*, l'*Espérance de Saint-Servan*, le *Petit-Jules*, la *Marie-Jeanne*, la *Providence*, et décorées de bustes grossièrement sculptés et naïvement coloriés. Sur les quais, c'était un mouvement inouï de marchandises débarquées et embarquées, de sacs portés sur les épaules, de barriques roulées, de charrettes, de brouettes, de chevaux, d'ânes ; c'était un bruit de voix, de cris, de grelots, de coups de fouets, d'aboiements. Bruit et mouvement étaient coupés çà et là par de vieux marins assis sur un paquet de cordages, fumant gravement la pipe, ou par un groupe de femmes faisant la cuisine dans un chaudron, ou encore par des douaniers posés de distance en distance comme des bornes.

Et la diversité, la profondeur des magasins,

avec leurs enseignes en toutes les langues, les denrées exotiques, les morues séchées, les grands fromages, les barils d'anchois, les nappes de cassonnade, tout cela dégageant un arome âcre, particulier, à pleine gorge !

Sernin et Loupiac n'étaient pas des âmes assez artistes pour s'arrêter à ce spectacle. Ils tirèrent à droite, vers le quai de Paludate, et ils entrèrent dans un petit débit de vin ambitieusement appelé : *Au Repos des Navigateurs*, avec pour sous-indication : *Tenu par la veuve à Peyrecave*. Cinq tables, et un papier de tapisserie d'une coloration aveuglante représentant les péripéties d'une chasse au tigre, suffisaient un peu arbitrairement à figurer ledit *repos*.

— Servitur à la velle madame Peyrecave ! dit Loupiac en déployant toutes ses grâces.

— Té ! moussu le baron ! s'écria une vigoureuse et joyeuse commère.

— Baron ! tu es devenu baron, toi ? fit Sernin avec étonnement.

— Mon ami, je l'ai toujours été... baron de Loupiac, seigneur de Fondandège, comte de Bacalan... Seulement je ne porte pas mes titres pour ne pas humilier mes gens... La véritable noblesse se distingue d'ailleurs toute seule.

— Çà, c'est vrai. Mais, ajouta madame Peyrecave, il y a bien longtemps qu'on ne vous avait pas vu, monsieur le baron.

— Vous avez daigné vous en apercevoir, ma divine ?

— Où étiez-vous donc ainsi ?

— Dans mes terres, ma velle enfant.

— Tu as des terres, toi, Loupiac ? ricana Sernin.

— Certainement, répondit Loupiac, légèrement vexé; du côté de Cadillac.

— Et tu ne m'en avais jamais parlé, mauvais ami ?... Tu n'en avais pas davantage soufflé mot à la charmante madame Peyrecave... D'honneur, tu es impardonnable, *baron*.

Et sur le même ton moitié moqueur, moitié sérieux :

— Il faut que tu t'engages à nous recevoir cet été, tous les deux, madame Peyrecave et moi, dans ton château de Cadillac.

— Cet été ?... balbutia Loupiac.

— Fixe le mois et le jour qu'il te plaira.

— Que d'honneur pour moi ! dit la belle cabaretière en se rengorgeant.

— C'est entendu, n'est-ce pas? dit Sernin à Loupiac d'un air qui semblait ne pas admettre d'objections... Et maintenant, belle dame, faites-nous le plaisir de nous donner une bouteille de votre petit Saint-Emilion, que mon ami m'a beaucoup vanté.

— Mon petit Saint-Emilion ! prononça-t-elle; vous voulez dire mon grand Saint-Emilion? le plus grand de tous les Saint-Emilion ! M. le maréchal de Richelieu n'en a pas de pareil à sa table.

Assaut de Gascons.

— Soit ! le Saint-Emilion que vous voudrez, dit Sernin; et plutôt deux bouteilles qu'une !

— Bien parlé ! appuya Loupiac.

Les deux bouteilles furent apportées, mais comme si elles eussent été au pouvoir de deux escamoteurs, elles se virent vidées presque en un clin d'œil.

— Exquis ! dit Sernin.

— Parfait ! dit Loupiac faisant claquer sa langue.

— Vous ne nous aviez pas menti, belle madame Peyrecave ; c'est un véritable élixir.

— Un baume de longue vie !

— Encore une autre et de la même année !

Les deux premières bouteilles avaient été sifflées, comme on dit en argot bachique ; la troisième fût flûtée, c'est-à-dire absorbée avec plus de lenteur et de réflexion. Elle fut analysée, définie ; puis, on s'aperçut qu'elle appelait le déjeuner, la tranche coupée à même le jambon, le confit d'oie, — et autres salaisons de haut bord, éperons à boire. Il en résulta au bout d'une heure une aimable gaieté entre les deux amis. La conversation ne tarissait pas ; Loupiac avait la plaisanterie insistante et un peu lourde ; il se cramponnait à cette idée comique de la capture de la bande de Jean de la Réole, et il la ressassait de tous les côtés. C'étaient comme des litanies :

— A l'arrestation de Jean !
— A l'arrestation de Fifi !
— A l'arrestation de Caudéran !
— A l'arrestation des Deux-Cuisiniers !

Et pour explosion finale :

— A mon arrestation par moi-même !

Sernin aurait voulu modérer les éclats de cette joie imprudente, mais il se laissait entraîner lui-même. Dirai-je qu'ils étaient gris tous les deux à la chute du jour? Ce serait rendre un hommage à la vérité. Quand ils furent las de boire, ou, pour parler plus exactement quand ils eurent cessé de boire, ils firent venir des cartes, — des cartes de contrebandiers espagnols, représentant, enluminées de jaune et de rouge, des sabres, des poignards, des turbans, des têtes d'animaux. Seulement, comme ils avaient contracté, dès l'âge de raison, l'habitude de tricher, ils ne tardèrent pas à se jeter les cartes à la figure. Mais ils n'étaient pas hommes à se garder rancune pour si peu.

Ils ne quittèrent que sur le tard l'oasis de madame Peyrecave ; ce ne fut pas, de la part de Sernin, sans avoir fait promettre de nouveau à la belle veuve de fixer au plus tôt le jour de la fête que le baron de Loupiac brûlait de lui donner dans sa châtellenie de Cadillac. Loupiac aurait bien voulu envoyer Sernin à tous les diables, mais on n'envoyait pas facilement promener Sernin. Le soi-disant baron, surexcité par le vin, promit donc tout ce qu'on voulut, et s'engagea à donner, à bref délai, une fête dans un château qu'il ne connaissait pas.

Une fois sur le pavé, les deux amis subissant l'influence du plein air et de la nuit, se dépêchèrent de se mettre en quête d'un autre cabaret. C'eût été trop simple de rester dans le même. Ils explorèrent consciencieusement les quartiers avoisinant la Douane et la Bourse, la rue du Chai-des-Farines, la rue des Capérans, la rue Tour-de-Gassies, la rue du Fort-Lesparre, milieux continuellement hantés par une population de matelots. Ils ne furent pas les derniers à faire leur partie dans ce chœur enivré. D'auberge en auberge, ils roulèrent dans ces bouges, qu'on appelait déjà des *souricières*, dans les mauvais gîtes dénoncés par le râclement du violon. Bref, ils se compromirent horriblement, Loupiac surtout, insatiable de sensations, et pour qui la voie publique n'était pas assez large, chercheur de querelles, casseur de reverbères, chanteur à plein gosier de romances :

> C'est dans la ville de Bordeaux
> Qu'est arrivé trois beaux vaisseaux ;
> Les matelots qui sont dedans,
> Ce sont, ma foi, de bons enfants.
>
> Il y a une dame dans Bordeaux
> Qu'est éprise d'un matelot :
> « Ma servante, allez-moi quéri
> Le matelot le plus joli. »
>
> « Beau matelot, mon bel ami,
> Madame vous envoie quéri.
> Montez là-haut, c'est au premier ;
> Collation vous y ferez. »
>
> La collation a duré
> Trois jours, trois nuits, sans décesser.
> Mais, au bout de trois jours passés,
> Le matelot s'est ennuyé...

Loupiac en fit tant et tant que, sortis le matin du fort du Hâ, il s'y vit ramené le soir du même jour, la tête à demi fendue par un éclat de bouteille. Il y a des fatalités.

VII

CHEZ ROBERTE

— Eh bien ! avez-vous un plan ? demandait le lendemain le directeur de la police à Sernin, dans son cabinet.

— J'en ai même plusieurs, répondait celui-ci, mais je ne vous en soumettrai qu'un seul.

— Le meilleur ? dit M. Lafargue, qui aurait été digne d'inventer la police d'opérette.

— Naturellement. Il faut que vous m'introduisiez dans le cœur de la place.

— Quelle place ? Quel cœur ?

— Dans l'hôtel de mademoiselle Clairville.

— Soit. En quelle qualité ?

— En qualité de secrétaire ou d'intendant. J'ai besoin d'un poste d'observation d'où je puisse, à mon aise, étudier tous les habitants de l'hôtel.

— Pas mal imaginé, dit M. Lafargue ; mais ce système d'étude sera peut-être bien lent, et le temps nous dévore.

— Qui sait ? Peut-être obtiendrai-je des résultats dans un court délai.

— Puissiez-vous dire vrai ! Le maréchal de Richelieu ne badine pas... Je vais écrire à mademoiselle Clairville pour vous annoncer et vous recommander.

— Une lettre ? dit Sernin en hochant la tête ; hum ! une lettre est ou bien banale ou compromettante ; elle peut s'égarer aux mains des domestiques.

— Eh bien ! je vais moi-même...

— Non. Deux visites de votre part à mademoiselle Clairville donneraient l'éveil.

— Alors ?... prononça M. Lafargue.

— Envoyez Dutasta, cela suffira.

Remarquez que Sernin disait déjà Dutasta tout court, et que le directeur de la police, qui commençait à subir l'ascendant de Sernin, trouvait cela tout naturel.

— Ah ! vous croyez que Dutasta ?...

— Certainement, répondit Sernin ; il ne s'agit que de m'annoncer comme chargé de vos pleins pouvoirs.

— De mes pleins pouvoirs ?

— N'est-ce pas convenu ?

— Si fait, mais...

— Je crois tenir une combinaison sur laquelle je compte beaucoup, dit Sernin.

— Vraiment ? fit M. Lafargue en relevant le nez.

— Dites à Dutasta de parler de moi à mademoiselle Clairville dans les termes les plus chaleureux.

Avant de se rendre chez la Clairville, Sernin jugea à propos de passer à son logement de la petite place Saint-Rémy, où Roberte l'attendait depuis vingt-quatre heures dans une angoisse que l'on comprendra facilement si on se reporte aux événements qui avaient signalé la nuit du 8 avril.

Qu'on se rappelle en quel désordre Sernin

était rentré cette nuit-là, et de quelle façon mystérieuse, effarée, il s'était enfermé dans sa chambre. Et, au réveil, lorsque M. Dutasta était venu heurter à sa porte, quel égarement s'était répandu sur tous ses traits ! Ce collier, qu'il avait laissé tomber si malencontreusement, ce collier, qui était demeuré en la possession de Roberte...

Qu'avait-elle dû penser ? Que pensait-elle encore ? Comment allait-elle l'accueillir ? L'un et l'autre pourraient-ils se regarder sans trembler ?

Telles étaient les pensées qui assiégeaient Sernin en montant l'escalier de la place Saint-Rémy.

Au moment de frapper, il s'aperçut que la clef était restée sur la porte, ce qui n'avait jamais lieu habituellement.

Il entra. Roberte était couchée.

— Vous souffrez ? lui dit-il.

— J'ai bien souffert.

Il lui prit la main. Elle était brûlante.

— Pourquoi ne pas avoir fait venir le médecin ?

— Vous savez bien que vous m'avez

défendu de laisser pénétrer quelqu'un ici.

— Oui... c'est vrai... Mais un cas aussi particulier !

— Je n'aurais pas voulu vous déplaire, mon ami. D'ailleurs, cela va mieux, et cela ira mieux encore, puisque vous voilà de retour.

— Je ne suis pas revenu pour longtemps, fit Sernin avec effort.

— Que dites-vous ?

Et la figure de la jeune femme, qui s'était animée de quelques couleurs, reprit sa pâleur ordinaire.

— Vous me quittez encore ? murmura-t-elle.

— Pour quelques jours seulement.

— Au fait, je devais m'y attendre, continua Roberte, avec une expression d'abattement ; toujours des absences, toujours des mystères ! L'abandon, la solitude, voilà mon lot.

— Roberte !

— Excusez-moi, j'ai tort de me plaindre. Mais c'est plus fort que moi.

Quelques jours sont bien vite passés ; nous aurons des temps meilleurs.

— Sernin ! Sernin ! j'ai peur de me trouver seule ici.

— Que vous êtes enfant ! De quoi pouvez-vous avoir peur ?

— De tout ce qui m'environne... de ce collier, par exemple.

— Nous y voilà ! pensa Sernin.

Et il ajouta, d'un ton qu'il tâcha de rendre le plus naturel possible :

— Ce collier ? je venais justement le chercher. Je vais le rapporter à la personne qui l'a perdu.

— Quelle est cette personne ? demanda Roberte en fixant les yeux sur lui.

— Vous ne la connaissez pas.

— Ce doit être au moins une princesse, car il est superbe, il jette des feux... Oh ! reprenez-le ! reprenez-le tout de suite.

Se levant et ouvrant rapidement un tiroir, elle en sortit le collier, qu'elle lui jeta plutôt qu'elle ne lui tendit.

Sa physionomie offrait en ce moment une expression telle que Sernin en fut frappé.

Il demeura immobile, le collier à la main.

— Roberte, lui dit-il, je vous expliquerai tout... dans quelques jours... quand vous serez plus calme.

— Expliquer quoi ? Croyez-vous que je n'ai pas tout deviné ?

Et ses yeux se fixaient sur Sernin, qui ne put en supporter le feu sombre.

— Grâce, Roberte ! balbutia-t-il.

— Oh ! fit-elle en couvrant sa figure de ses mains.

Ces émotions, jointes à l'effort qu'elle venait de faire en se levant, l'avaient épuisée.

Elle pâlit, chancela et s'évanouit.

Sernin la reçut dans ses bras et la transporta sur son lit, où il lui prodigua les secours qui étaient en son pouvoir.

La crise fut longue.

Lorsqu'elle fut dissipée, Roberte parut s'assoupir.

Machinalement, sa main était restée dans la main de Sernin. Il n'osa pas la déranger par le moindre mouvement. Il demeura longtemps tenant cette petite main blanche et fluette, tremblante de fièvre.

Pauvre Roberte !

Il la regardait attendri, malgré lui, autant qu'il était capable d'attendrissement.

Enfin, le sommeil l'ayant tout à fait gagnée, il parvint à dégager sa main, et il courut à la chambre voisine, celle où il avait passé une si terrible nuit.

Il avait hâte de savoir si rien n'y avait été déplacé.

Il ferma doucement la porte de communication.

Demeuré seul, un rapide examen des localités le convainquit que tout était bien comme il l'avait laissé. Les bijoux étaient aux mêmes cavités où il les avait introduits, c'est-à-dire entre les poutres du plafond.

Il respira.

— Roberte n'a rien découvert, se dit-il; pourtant elle n'aura pas manqué de chercher partout... Ils sont donc bien cachés... Je ne saurais faire mieux que de les laisser encore là.

Et il ajouta :

— Contentons-nous d'emporter ce collier;

il pourra m'être utile d'ici à quelques jours...

Un soupir qu'il crut avoir entendu le ramena dans la chambre de Roberte.

Elle dormait toujours.

— Mieux vaut ne pas la réveiller! murmura-t-il.

Sernin sortit sur la pointe du pied.

VIII

OU L'ON VOIT LA BANDE A JEAN DE LA RÉOLE

Le cours Saint-André, qui fait partie de l'immense ceinture de boulevards tracée par M. de Tourny, s'étendait alors, comme aujourd'hui, à partir du Jardin-Public jusque derrière le faubourg des Chartrons. On y trouvait un grand nombre d'hôtels semblables à celui de la demoiselle Clairville, où nous allons introduire le lecteur, hôtel important où le terrain n'était pas ménagé, distrait qu'il avait été sur de vastes et verdoyants marais. Toutes les aises de la grande vie étaient réunies dans cette habitation : communs largement distribués, beaux chevaux à l'écurie, élégantes voitures sous la remise.

Il semblait que cette maison fût déjà connue de Sernin, à la façon résolue dont il s'y dirigeait. Ce fut presque en maître qu'il souleva le lourd marteau de la porte. Le portier, dérangé si brusquement, ne put réprimer un grognement de mauvaise humeur en venant ouvrir, mais il y fit succéder immédiatement une exclamation de surprise.

— Enfin, te voilà!

— Silence! fit Sernin en jetant à droite et à gauche un regard prudent.

— Nous t'attendions avec impatience, dit le portier.

Sernin fronça les sourcils :

— Pourquoi avec impatience?... Je n'aime pas les reproches.

— Ecoute donc! reprit le portier, nous sommes restés pendant toute la journée d'hier sans nouvelles de toi... Et nous étions pleins d'inquiétude.

— Sacré bavard! cesseras-tu de parler si haut? Entrons au moins dans ta loge.

— Comme tu voudras...

Une fois dans la loge :

— A présent, parle, fit Sernin.

— Je disais donc que nous étions inquiets sur ton compte... à propos des petits cailloux sur lesquels nous t'avons aidé à mettre la main.

— De la méfiance ?

— Oh ! non ! mais il aurait pu t'arriver malheur.

— Braves cœurs ! merci de votre sollicitude... Il ne m'arrive jamais malheur, à moi... Et quant aux petits cailloux, comme tu dis...

— Eh bien ?

— Je venais précisément pour vous entretenir de cela. Où et quand peux-tu rassembler notre bande, Latapy ?

— Ce soir, si tu veux, Jean ; Madame joue encore au Grand-Théâtre.

— Oui, je sais... le même spectacle... Et qui emmène-t-elle avec elle ?

— Le cocher et la femme de chambre, comme d'habitude.

— Lucile ?

— Oui.

— Elle est des nôtres, dit Sernin. Qu'elle tâche de se faire remplacer par Thérèse si elle veut assister à notre assemblée.

— Elle ne demandera pas mieux.

— A présent, quel est le lieu du rendez-vous ?

— Je propose mon pavillon, dit le portier ; nous sommes certains de n'y être pas dérangés ; c'est moi qui dispose des issues.

— Fort bien. A présent, fais-moi annoncer à ta maîtresse.

— A madame Clairville ?

— Oui ; j'ai besoin de la voir.

— Toi ?

— Moi-même, dit Sernin avec sang-froid.

Le portier restait ébahi.

— Je ne suis pas curieux, murmura-t-il, mais je ne serais pas fâché de savoir ce que tu peux avoir à dire à celle que tu as dévalisée avant-hier.

— C'est mon secret.

— J'entends bien, fit le portier en essayant un sourire malin ; mais si elle savait !

— Oui, mais elle ne sait pas. Allons, sonne.

Le portier frappa sur un timbre dont le son communiquait avec l'antichambre.

Lorsque Sernin parut dans l'antichambre,

il y eut la même comédie que dans la loge du portier, c'est-à-dire que le laquais de service manifesta la même surprise.

— Chut! lui dit Sernin, comme au portier.

Cinq minutes après il était introduit chez la Clairville.

C'était la première fois qu'il la voyait. Il la trouva singulièrement jolie.

La Clairville était une jolie fille, en effet; nous avons à peine pris le temps de l'indiquer. Elle lui apparaissait dans le désordre éclatant du matin, vêtue d'un de ces frais peignoirs qu'on appelait alors des *fourreaux*. Il en fut ébloui.

Née à Paris, dans la rue du Pont-aux-Choux, la Clairville devait son élévation au maréchal de Richelieu, qui l'avait déniaisée, comme on disait alors, et qui n'y avait pas eu grand'peine, tant elle avait de dispositions. Il lui avait signé un ordre de début au Théâtre-Italien, sur lequel il avait la haute main; et après lui avoir fait donner quelques leçons de déclamation par la Dubois, de la Comédie-Française, il avait obtenu pour elle au Grand-Théâtre de Bordeaux un engagement de « jeune première de tragédie, des princesses et des amoureuses de comédie ».

Elle avait apporté dans la capitale de la Guienne un talent fort insignifiant, doublé d'une coquetterie ensorcelante qui allait s'exercer sur la jeunesse commerçante de la ville, malgré la redoutable concurrence des Bordelaises, qui ont toujours eu une grande réputation de beauté. Mais la Clairville éclipsait les Bordelaises par son prestige de Parisienne.

Cela expliquerait au besoin pourquoi Sernin avait été mordu par le désir d'approcher de la brillante courtisane ; — mais à ce désir se joignait aussi cette curiosité du voleur qui tient à connaître la personne qu'il a volée.

L'impression ressentie par Sernin avait été électrique, comme nous l'avons vu.

Il n'en avait pas été de même pour la Clairville. Avertie par M. Dutasta, elle attendait Sernin, et même elle l'attendait avec impatience ; mais elle croyait avoir affaire à un vieux policier, aux habits rapés, aux manières humbles. Au lieu de cela, elle trouvait un jeune homme proprement vêtu, à la physionomie intelligente.

Elle le toisa du haut en bas, comme savent toiser ces filles.

— Vous êtes bien jeune, lui dit-elle, pour...

— Pour le métier que je fais ? C'est ce que vous voulez dire, madame ? répondit Sernin en souriant.

— Oui.

— C'est que l'expérience m'est venue vite.

— M. Dutasta paraît avoir beaucoup de confiance en vous, continua-t-elle.

— Et M. Lafargue aussi.

Elle pouvait lui dire :

— Comment vous appelle-t-on ?

Elle lui dit :

— Comment vous appellerai-je ?

Sernin sentit la nuance et répondit sur le même ton :

— Vous m'appellerez votre intendant, car c'est en cette qualité que j'ai demandé à entrer chez vous.

Dès le début de cet entretien, la Clairville s'était assise, le laissant debout.

Son examen qu'elle prolongea ne devait aboutir qu'à une répulsion inexplicable. Elle lui trouvait trop d'assurance dans le verbe, trop d'effronterie dans le regard ; elle le jugeait en un mot trop semblable à elle. Ces deux natures se sentaient sorties du peuple toutes les deux, et chacune d'elles évitait de se laisser dominer par l'autre.

C'était à Clairville à céder, la première, un peu de son terrain.

Les réponses précises de Sernin ne laissaient pas que de l'embarrasser.

Elle reprit sans se départir de son accent ironique :

— Eh bien ! monsieur mon intendant, quand allons-nous vous voir à l'œuvre ?

— Je me laisserai voir le moins possible, répondit Sernin.

— Vous vous engagez à retrouver mes bijoux ?

— Je ne m'engage pas... J'espère.

— Croyez-vous qu'il vous faudra beaucoup de temps ?

— Je vous le dirai dans quelques jours.

— Où voulez-vous être logé ?

— J'aurai besoin d'une vue sur la cour et d'une autre sur le jardin.

— Côté cour et côté jardin, dit la Clairville

se rappelant sa profession; vous occuperez l'appartement au-dessus de celui-ci.

— Fort bien. Annoncez-moi à vos gens comme un parent de passage, sans importance, faisant fonction de secrétaire, afin que je puisse aller et venir dans la maison à toute heure de jour et de nuit.

— De jour... et de nuit? répéta Clairville étonnée.

— Si cela est nécessaire.

— Est-ce tout?

— Oui, pour le moment. Ah!...

— Quoi encore?

— Vous me donnerez les doubles clefs de toutes les chambres.

La Clairville laissa échapper un second mouvement de surprise; puis elle pensa :

— La police se fait drôlement à Bordeaux.

L'installation de Sernin eut lieu en peu d'instants.

Le soir venu, il était si bien installé qu'il pouvait descendre de son appartement dans la loge du concierge, pour venir assister à la réunion de domestiques qu'il avait provoquée.

Bizarre réunion !

Il ne faut pas oublier que ces domestiques qui représentaient le personnel de la Clairville étaient tous des domestiques pour rire, — excepté le cocher, absent pour le service de madame, et quelques galopins d'écurie qui avaient été éloignés sous divers prétextes.

Ils étaient tous groupés autour d'une table ronde dont le centre était occupé par une bouteille de tafia et sept verres.

Autant de verres que d'assistants.

C'étaient, outre Sernin, le concierge Latapy, qui semblait présider ;

Ensuite un maître d'hôtel, imposant et important comme tous les maîtres d'hôtel ;

Le valet de chambre Félix, souple et effronté, véritable valet de théâtre ;

La femme de chambre Lucile, portant sur son teint couperosé l'enseigne de tous les vices ;

Deux frères jumeaux, parfaitement ressemblants l'un à l'autre, et connus sous le nom des Deux-Cuisiniers.

Tels étaient les individus qui représentaient

une petite partie de la bande à Jean de la Réole.

Le chef — ou Sernin, comme on voudra l'appeler — avait fait annoncer par Latapy qu'il prendrait la parole.

Une certaine agitation régnait donc dans l'assemblée.

Sernin s'en aperçut dès le premier coup d'œil ; mais il ne parut pas s'en émouvoir.

Ce n'était pas la première fois qu'il avait maille à partir avec ses associés.

Il commença en ces termes :

— Mes chers amis... je vous ai réunis pour vous donner...

A ce mot habilement suspendu, on sentit courir comme une sorte de frisson d'aise.

— Pour vous donner... des nouvelles de notre butin.

— Des nouvelles... seulement ? murmurèrent quelques voix.

— Il est en sûreté, parfaitement en sûreté.

— Nous aimons à le supposer ! dit le valet de chambre Félix.

— Et, à quand le partage ? dit le portier.

— Le partage ? répéta Sernin.

— Oui.

— Est-ce que vous y tenez beaucoup, au partage?

Ces mots avaient été prononcés avec une désinvolture qui manqua complètement son effet.

Si Sernin avait voulu tenter une épreuve sur ses compagnons, cette épreuve resta sans succès.

— Te moques-tu de nous, Jean? dit le valet de chambre.

— Il ne faudrait pas jouer ce jeu-là avec les camarades, Jean, dirent les Deux-Cuisiniers.

— Jean, je t'ai donné les clefs de la chambre de ma maîtresse, dit Lucile.

— Jean, je t'ai ouvert la porte du jardin.

Sernin demeurait muet. Il semblait étudier ces visages devenus inquiets.

A la fin, il partit d'un éclat de rire.

— Eh! mes amis, qu'est-ce qui cherche à nier les services que vous m'avez rendus? qui est-ce qui songe à se montrer ingrat envers vous?

— Alors, qu'as-tu voulu dire ?

— J'ai voulu dire que ce partage auquel vous avez des droits si légitimes, ce partage que vous réclamez si justement...

— Eh bien ?

— Eh bien ! il y aurait du danger à le faire en ce moment.

— Quel danger ? demanda Félix.

— Quel danger ? demandèrent les Deux-Cuisiniers.

— Ah ça ! vous ne savez donc rien de ce qui se passe au dehors ?

— Rien du tout.

— L'aventure de la Clairville fait un bruit du diable. On ne parle que de cela ; le maréchal de Richelieu en a été averti le premier et a juré de faire pendre les coupables. La liste des bijoux... disparus a été communiquée à tous les marchands. Et c'est ce moment-là que vous choisissez pour que je vous distribue ces bijoux qui brûlent les doigts... lorsque vous savez qu'il est impossible de vous en défaire et que la moindre imprudence d'un seul d'entre vous suffirait à vous perdre tous !

Les domestiques gardèrent le silence à leur tour.

— Eh! mais, se hasarda à dire Latapy, est-ce que nous ne pourrions pas les tenir cachés aussi bien que toi?

— Oui, ajouta Félix.

— Je ne crois pas, ajouta froidement Sernin.

Et presque aussitôt:

— Allons, avouez donc tout de suite que vous me soupçonnez, s'écria-t-il: que je n'ai plus votre confiance !

— Jean, nous ne voulons pas dire cela, mais...

— Et c'est toi, Latapy, toi que j'ai ramassé mourant de faim, qui te tournes contre moi aujourd'hui !

— Non... non, Jean...

— Et toi, Félix, dont j'ai fait le premier valet de chambre de Bordeaux !

— Jean, tu m'accuses à tort.

— Et vous, Lucile, et vous les Deux-Cuisiniers, vous tous qui me devez vos positions !

— Tu nous as mal compris.

— Ecoutez, continua Sernin, je suis prêt à faire le partage en question aujourd'hui ; j'y suis prêt,

— Nous n'en avons jamais douté, murmura Latapy.

— Mais celui qui aura reçu sa part cessera de faire partie de la bande à Jean de la Réole.

Ces mots produisirent l'effet d'une commotion électrique.

— Et qui de nous a jamais songé à te quitter ? dit Félix.

— Ce n'est pas moi, dit Lucile.

— Ni moi, dit Latapy.

— Ni nous, dirent les Deux-Cuisiniers.

— Garde-nous notre part de capture.

— Consens à être notre banquier, Jean !

— Rends-nous ton amitié !

Sernin exultait.

Il tendit ses deux mains à ses compagnons, qui se précipitèrent dessus en les pressant avec effusion.

— Tout est oublié ! dit-il avec un de ces gestes majestueux qu'il devait avoir empruntés à Cartouche.

— Alors, buvons à ta santé ! dit un des

Deux-Cuisiniers en remplissant tous les verres d'une ration de tafia.

— Non pas à ma santé, mes enfants, dit Sernin, mais à la prospérité de la bande à Jean de la Réole.

— C'est juste!

On choqua les verre et on but.

— Eh! eh! elle va bien, la bande à Jean de la Réole! dit Sernin en savourant lentement sa liqueur et ses paroles ; elle se couvre de gloire... Savez-vous que, dès que nous pourrons réaliser, ce que je souhaite autant que vous, c'est par centaines de mille francs que nous aurons à compter.

Les regards brillèrent.

— Vraiment? s'écria-t-on.

— Et quand je pense que tout à l'heure vous vouliez vous séparer de votre chef? dit Sernin.

— Non! non!

— Jamais!

Celui des Deux-Cuisiniers qui remplissait, chez la Clairville, l'office de sommelier, et qui criait le plus fort, s'exprima en ces termes :

— On ne peut pas se contenter d'une seule santé. Attendez-moi un instant!

Et il disparut du côté de la cave.

De son côté, Lucile était sortie sans dire où elle allait, mais avec un air de joyeux mystère.

Tous les deux reparurent bientôt.

L'un rapportait trois ou quatre bouteilles, qu'il posa précautionneusement sur la table en disant :

— C'est ce que madame a de mieux dans sa cave.

Lucile tenait entre les mains une énorme pâtisserie, qui fut saluée par cette exclamation :

— Une tarte hollandaise !

C'était une tarte hollandaise, en effet, le régal favori des Bordelais, à cette époque.

Le sommelier déchiffrait les étiquettes des bouteilles :

— Ce sont tous des vins et des liqueurs à la mode, disait-il : de l'Alicante, du Rota, du Scubac, du Vespetro, du Ratafia de Neuilly, de l'Alkermès de Florence, du Rosolio de madame Aphoux. Choisissez...

La gaieté était à son comble.

Les verres se remplirent de nouveau ; la tarte fut découpée et partagée.

— A la santé de Jean de la Réole !

— A votre santé, mes amis !

— A la fortune de sa bande !

— De notre bande !

— Plus bas ! plus bas ! essayait de dire Sernin ; soyons prudents... si on nous entendait du dehors...

— C'est impossible, affirma le portier.

— Alors, chantons, dirent les Deux-Cuisiniers.

— Chantons ! s'écrièrent-ils tous.

— A Lucile de commencer ! Honneur aux dames !

Lucile entonna une chanson badine que lui avait apprise le jeune M. Garat, qui venait donner des leçons de clavecin à madame.

Le maître d'hôtel déclama de son plus grand air le récit de Théramène.

On se sépara à une heure avancée, en proie à un délire tout fraternel.

IX

LE DUC DE FRONSAC

Les émissaires du duc de Fronsac n'avaient point perdu de vue Roberte.

Nous avons raconté en peu de mots comment il y avait eu de leur part une tentative d'enlèvement empêchée par Sernin. Depuis, ils avaient toujours été tenus en respect par le jeune homme devenu l'amant et le protecteur de Roberte, et dont l'emploi à la police leur était connu.

Mais ils n'avaient pas pour cela renoncé à leurs projets, ou plutôt le duc de Fronsac n'y avait pas renoncé.

Lorsqu'ils eurent appris l'absence de Sernin, ils se hasardèrent à se présenter chez la jeune fille. Ils en furent très mal reçus ; elle aimait Sernin par-dessus tout. Cependant, son cœur avait failli se briser lorsqu'ils lui apprirent l'état honteux d'*observateur* qu'il exerçait. Se sentir humiliée dans l'homme qu'elle aimait était une douleur qui devait lui être réservée.

Les immondes émissaires du duc de Fronsac étaient guidés par un ennemi de Sernin, le nommé Forastié, appartenant comme lui à la police. On a vu, dans un précédent chapitre, Sernin supplanter ce Forastié dans son emploi. Forastié en était demeuré furieux et avait juré de se venger. En se vengeant sur Roberte, il savait atteindre Sernin.

Non content d'avoir avili Sernin aux yeux de Roberte, il lui avait appris en outre son séjour chez la Clairville. Le coup fut terrible pour la jeune fille. Elle ne connaissait rien du monde extérieur, et ignorait l'existence de la comédienne. Elle crut à une calomnie ; Forastié lui offrit des preuves.

Elle avait résisté à l'avilissement de son amant, elle ne résista pas à son inconstance.

Abandonnée pour une autre femme, elle se

vit irrémédiablement perdue. Elle ne pouvait ni ne voulait se mesurer avec une rivale quelle qu'elle fût. Qu'allait-elle devenir ? Seule, sans ressources, elle se sentait peur de tout, peur de la misère, dans laquelle elle avait été élevée, peur de la faim comme une sœur de Manon Lescaut qu'elle était, peur de la mort. Hélas ! Hélas ! Roberte n'avait rien d'une âme romaine. C'était un pauvre petit cœur français, un cœur du peuple, fait de pitié et de bonté.

Sur ces entrefaites, Forastié renouvela les propositions du duc de Fronsac. Repoussées d'abord avec dégoût, elles finirent par se faire écouter de Roberte. Ni la figure, ni l'or du séducteur ne la tentaient beaucoup ; mais Forastié était là qui lui soufflait son esprit de vengeance. Pouvait-elle demeurer dans un logis que Sernin désertait si publiquement ? Subirait-elle la charité humiliante d'un amant infidèle ?

Roberte n'ayant d'autre défense que ses larmes, demandait délai sur délai. Mais cela ne faisait pas le compte de Forastié qui craignait un retour de Sernin et une réconciliation possible. Aussi la pressait-il de toute son infernale rouerie.

Enfin, à sa dernière visite, il convint avec elle d'un jour pour la conduire chez le duc de Fronsac.

L'heure est venue de consacrer quelques pages au duc de Fronsac, le fils très mal connu du maréchal de Richelieu.

Après avoir essayé de faire le portrait du père, nous ne pouvons nous dispenser d'esquisser le portrait du fils.

Cela ne nous sera pas précisément facile car, par une exception étrange, toutes les biographies, depuis la vénérable biographie Michaud jusqu'au pesant dictionnaire Larousse, se sont toujours refusées à consacrer un article à Fronsac, et même à mentionner son existence.

Que signifie cette exclusion que l'on peut qualifier d'unique ?

Les vertueux rédacteurs de ces recueils documentaires se sont-ils effrayés au moment de retracer l'existence d'un tel libertin ? Mais ils se sont mesurés avec bien d'autres monstres, en admettant que le fils du maréchal ait mérité ce surnom.

Ne serait-ce pas plutôt la famille qui aurait sollicité cette exclusion, équivalente à une lettre de cachet rétrospective. et qui aurait dit à son parent indigne : « — Tu n'auras pas tes grandes entrées dans l'histoire, car tu as démérité du nom illustre des Richelieu. »

On est tenté de s'arrêter à cette dernière supposition, et d'en faire honneur à la piété filiale du dernier Richelieu, le vertueux ministre de Louis XVIII, le fils rougissant de Fronsac.

Mais si le grand jour des biographies officielles reste interdit à Fronsac, il n'en est pas de même du petit jour des mémoires secrets, des nouvelles à la main, des pamphlets, et, en général, de tous les écrits clandestins et licencieux de l'époque, marée montante qui se jette sur Paris et sur Versailles par toutes les écluses débordées de la Hollande.

C'est là qu'il faut chercher Fronsac ; il les emplit de sa triste et bruyante personnalité ; il est leur ressource ; il défraie chaque jour les cahiers de Bachaumont et de l'*Espion anglais*.

N'hésitons donc pas. Mais par où commencer? Fronsac eut-il une enfance? Certes, et des mieux douées. Il était fils de mademoiselle de Guise, princesse de Lorraine, une digne et spirituelle femme, que Voltaire goûtait beaucoup. A neuf ans, comme c'était la mode, le petit bonhomme fut fait colonel d'un régiment de dragons levé en l'honneur du roi par les Etats du Languedoc, et qui reçut le nom de régiment de Septimanie. Septimanie était la sœur cadette de Fronsac, celle qui devait devenir plus tard la célèbre comtesse d'Egmont. Le petit colonel fut présenté à la cour à l'âge de quatorze ans; on fut un peu désenchanté sur son compte, et il de sembla pas justifier le nom prestigieux de Richelieu. On le trouva frêle, pâlot, mais on lui reconnut de l'audace.

Et cependant, le maréchal de Richelieu avait commencé par beaucoup l'aimer; il se voyait renaître dans ses espiègleries d'adolescent; mais peu à peu les espiègleries avaient passé la mesure et pris un caractère odieux, et il sentit son affection se retirer de lui.

Au moins se hâta-t-il de lui donner le baptême de l'épée ; il avait tout juste vingt ans lorsqu'il l'emmena avec lui au siège de Mahon. On est heureux d'apprendre que Fronsac s'y conduisit en parfait gentilhomme. Ce fut lui que le maréchal de Richelieu envoya au roi pour lui annoncer la prise de Minorque. Voltaire, qui est décidément l'historiographe de la famille, s'exprime ainsi sur le jeune héros dans une lettre au vieux maréchal: « On dit que M. le duc de Fronsac était fait comme un homme qui vient d'un assaut, quand il a porté la nouvelle. Il était avec les grâces qu'il tient de vous, orné de toutes celles d'un brûleur de maisons. Il tient cela de vous encore ; demandez à votre écuyer si vous n'aviez pas votre chapeau en clabaud à Fontenoy, et si vous n'étiez pas noir et poudreux comme un diable ? »

L'esprit de Voltaire savait aller chercher le cœur humain où et quand il le fallait ; le cœur du maréchal de Richelieu dut se gonfler d'orgueil. Mais mal lui en prit d'avoir confié cette mission à son fils, car Fronsac essuya une furieuse tempête, et peu s'en fallut qu'il ne fît naufrage devant Toulon; heureusement Bellone veillait sur lui, style du temps. Il arriva tant bien que mal à Paris et fut embrassé au débotté par toutes ces dames de la cour et de l'Opéra. Il eut, lui aussi, son heure et sa part de popularité; le roi, pour le récompenser personnellement, lui donna la croix de Saint-Louis et la survivance de la charge de son père, qui était, comme on sait, premier gentilhomme de la chambre. Je ne dirai pas positivement que cette dernière distinction fût beaucoup du goût du père; ce qui est certain, c'est qu'il s'appliqua à laisser le duc de Fronsac remplir le moins possible les devoirs de cette charge; il ne se résignait à les lui abandonner que lorsqu'il était forcé d'aller occuper son gouvernement de Bordeaux.

A partir de ce moment, la carrière militaire de Fronsac fut terminée. Il ne paraît pas avoir sollicité d'autre service, et il n'y eut pas de second Port-Mahon pour lui. On a objecté pour son excuse qu'il avait été malade de bonne heure; cela est vrai, mais ses maladies étaient le fruit de ses vices, comme le témoigne ce début d'une épigramme choisie entre cent:

> Un petit duc, très chétif avorton,
> Bouffi d'orgueil et du plus mauvais ton,
> Fait au mépris et se riant du blâme,
> Se préparait non pas à rendre l'âme,
> (On ne rend pas ce qu'on n'a jamais eu)
> Sans plus de phrase, il se croyait perdu.
> Privé d'espoir, épuisé de débauche,
> Ce mannequin, cette fragile ébauche,
> Allait partir, bien cousu dans un sac;
> Ce mot est mis pour rimer à Fronsac...

On voit que l'opinion publique lui était fort hostile; il est vrai qu'il faisait tout ce qu'il fallait pour cela. On le huait, on se moquait de lui, on le prenait pour héros des plus ridicules aventures; j'en veux citer une seule.

Il sortait un soir de l'Opéra, avec un habit magnifique. Il plut à deux filous de lui en couper les deux basques sans qu'il s'en aperçût.

Ainsi raccourci, M. le duc s'en va dans une maison tierce, où il provoque un rire général.

Il en demande la raison, prêt à s'offenser ; on la lui explique en la lui faisant toucher du doigt ; il se retire.

Le lendemain, de grand matin, un individu se présente à son hôtel et demande à lui parler.

— Monseigneur, lui dit-il, je viens de la part de M. le lieutenant de police, qui est informé de votre aventure d'hier à l'Opéra.

— Déjà ! En vérité, M. le lieutenant de police est un habile homme. Et pourquoi vous envoie-t-il à moi ?

— Il prie monsieur le duc de vouloir bien me faire remettre son habit... c'est-à-dire ce qui reste de son habit... pour aider à la découverte des voleurs et à la confrontation des pièces.

— Un procureur dirait : au recollement des parties.

— Justement, dit le quidam en souriant de l'esprit de répartie de M. le duc.

L'habit est donné, et Fronsac se félicitait de l'activité de la police, mais ce n'était qu'une nouvelle escroquerie de deux adroits coquins pour se procurer l'habit complet.

Quand il n'était pas la risée du peuple, il

en était l'effroi. Il ne connaissait aucun frein dans ses amours ; il courait sus aux jeunes filles les plus vertueuses ; il les pourchassait jusque chez leurs parents. La police se taisait. Une fois, cependant, il poussa les choses trop loin, et l'on en murmura à Versailles. Fronsac avait brûlé une maison pour enlever une jeune fille. On crut cette fois que le magistrat allait sévir ; il n'en fit rien. Il n'y eut pour protester d'autre voix que la voix d'un pauvre poète, de Gilbert, le seul homme qui ait eu du courage en France ce jour-là.

Voici en quels termes s'exprimait le jeune satiriste :

> Cependant une vierge aussi sage que belle,
> Un jour, à ce sultan, se montra plus rebelle ;
> Tout l'art des corrupteurs, auprès d'elle assidus,
> Avait, pour le servir, fait des crimes perdus.
> Pour son plaisir d'un soir que tout Paris périsse !
> Voilà que dans la nuit, de ses fureurs complice,
> Tandis que la beauté, victime de son choix,
> Goûte un chaste sommeil, sous la garde des lois,
> Il arme d'un flambeau ses mains incendiaires,
> Il court, il livre au feu les toits héréditaires
> Qui la voyaient braver son amour oppresseur,
> Et l'emporte mourante en son char ravisseur...
> Obscur, on l'eût flétri d'une mort légitime ;
> Il est puissant, les lois ont ignoré son crime !

Ces deux derniers vers sont d'un beau jet, et s'il en avait fait beaucoup comme cela, le nom de Gilbert aurait brillé d'un plus grand renom.

Nous n'en finirions pas si nous voulions évoquer tous les scandales qui s'attachent à la mémoire éparpillée du duc de Fronsac. Nous aurons à en relever encore quelques-uns pendant le cours de ce récit.

Sa mauvaise santé ne l'empêcha pas de se marier deux fois : la première fois avec mademoiselle d'Hautefort, la seconde fois avec mademoiselle de Gallifet.

Ce second mariage fût dû à l'intervention de Marie-Antoinette.

Le duc s'était épris de mademoiselle de Galliffet, qui, de son côté, le voyait d'un fort bon œil, ce qui tendrait à prouver que, si chargé qu'il fût d'iniquités, il était cependant susceptible d'inspirer encore de l'amour.

Aux fêtes de la cour de 1776, ils se firent remarquer par leur empressement mutuel à se rechercher ; et la chronique veut même qu'ils se soient légèrement affichés dans un des bals de Versailles. Mademoiselle de Galiffet aurait laissé tomber un billet que lui avait remis M. de Fronsac. Ce billet était tracé en caractères rouges et contenait ces mots : « Je signe de mon sang que je vous aimerai toute ma vie ! »

L'aventure fit quelque bruit et parvint jusqu'aux oreilles de Marie-Antoinette, qui, un jour, en présence du roi, apostropha ainsi le fils du vieux maréchal :

— Duc de Fronsac, je veux vous marier.

Le duc s'inclina et répondit respectueusement :

— Madame, vos intentions feront toujours ma loi.

Et comme la reine le regardait avec malignité, pendant que le roi, comme toujours, ne savait pas ce dont il s'agissait, il ajouta :

— Oserai-je demander à Votre Majesté quel est l'objet, sans doute mille fois précieux, qu'elle me destine ?

— Ne l'avez-vous pas deviné, monsieur le duc ?

— Non, Majesté.

— Voyons, monsieur le duc, cherchez

bien. C'est... Mademoiselle de Galliffet.

Rien ne pouvait être plus agréable à Fronsac.

Mais le maréchal de Richelieu n'était pas partisan de ce mariage, on ne sait pas pour quel motif; et l'on eut quelque peine à vaincre sa résistance. Trop courtisan d'ailleurs pour faire de l'opposition à la reine, il se contenta de punir son fils à huis clos en ne lui servant qu'une maigre pension de deux mille écus.

La nouvelle mariée dut faire une grimace.

Quant à Fronsac, il était accoutumé aux caprices tyranniques et à la ladrerie paternelle.

Réduit à ses charges de cour, il attendait, en soupirant, que le maréchal voulut bien rendre sa belle âme à Dieu. Mais le maréchal ne paraissait pas disposé de sitôt à cette reddition.

A partir de ce moment, ce fut entre eux deux, le père et le fils, une guerre d'épigrammes, où les convenances mutuelles n'étaient pas toujours sauvegardées.

Le fils disait, en faisant allusion aux rouelles de viande crue que le maréchal s'appliquait sur le corps pour s'entretenir en état de fraîcheur :

— Mon père est un vieux bouquin relié en veau.

Le père disait du fils :

— Il a tous mes défauts et pas une de mes qualités.

Maintenant, comment le père et le fils se trouvaient-ils réunis dans la même ville ?

C'est que le duc de Fronsac était allé visiter les propriétés de sa femme en Languedoc, et qu'en revenant il n'avait cru pouvoir se dispenser de s'arrêter à Bordeaux, autant pour assister à l'inauguration du nouveau théâtre que pour rendre ses respectueux devoirs au maréchal, — qui y était d'ailleurs parfaitement indifférent.

Le duc de Fronsac habitait un hôtel quelconque dans un faubourg de Bordeaux, sur la route de Mérignac.

Nous avons vu comment il occupait ses loisirs, et comment un funeste hasard lui avait fait rencontrer Roberte.

Si les émissaires de Fronsac n'avaient point perdu de vue Roberte, de leur côté, les limiers du maréchal de Richelieu, — qui avait une contre-police à lui, comme on l'a vu au lendemain de l'inauguration du Grand-Théâtre, — n'avaient point perdu de vue Fronsac, bien au contraire.

L'un d'eux fit prévenir le maréchal qu'il avait une communication importante à lui faire.

— Il y a du nouveau, monseigneur, lui dit-il lorsqu'il eut été introduit dans ses appartements particuliers.

— Ah ! ah !

— M. le duc de Fronsac est amoureux.

— C'est ce que tu appelles du nouveau ?

— Dame ! pour moi, monseigneur...

— Il ne cesse pas d'être amoureux depuis qu'il est au monde... et ce n'est pas ce qu'il fait de mieux. N'a-t-il donc pas assez de sa goutte à soigner ?

On sait que le maréchal faisait à son fils l'honneur de le jalouser et de lui souffler quelquefois ses maîtresses.

Le maréchal reprit :

— Et de qui M. le duc est-il amoureux ? D'un gibier de coulisses ?

— Non, monseigneur.

— De la femme d'un négociant?

— Non, monseigneur,

— Plus haut? demanda le maréchal avec un clin d'œil.

— Non, plus bas.

— Une grisette alors?

— Quelque chose comme cela.

Et le maréchal continuant son interrogatoire :

— Jolie?

— A miracle! répondit l'estafier.

— Es-tu bien sûr de t'y connaître?

— Pour moi, je ne sais pas... Mais, pour monseigneur, je suis certain de ne pas me tromper.

— Alors, c'est un morceau de roi?

— Mieux que cela : un morceau de gouverneur!

— Drôle! tu ne manques pas d'esprit!

— Monseigneur, cela m'est venu à votre service.

— Mais ce n'est pas tout, sans doute. Où le duc en est-il avec sa nouvelle conquête?

— Il ne lui a pas encore parlé.

— Ah bah !

— Il l'a vue seulement. Le reste s'est traité par ambassadeur.

— Est-ce une innocente ?

— Aïe ! aïe !

— J'entends, dit le maréchal en roulant une boîte d'or entre ses doigts.

— Elle n'en est qu'à son premier amant.

— C'est trop, c'est beaucoup trop... La peste t'étouffe avec ton premier amant !

— Monseigneur, ce n'est pas ma faute, murmura l'estafier tout penaud.

Le maréchal fit quelques pas dans la chambre, et s'écria :

— Après tout, puisqu'elle est jolie... Allons, il ne sera pas dit qu'elle tombera dans les *filets de Fronsac !*

Cette expression veut une explication ici.

Les filets de Fronsac existaient en réalité ; c'était une de ses inventions les plus atroces et dont le dix-huitième siècle s'est beaucoup occupé pour la honnir. Rien de Vulcain. Imaginez un fauteuil mécanique d'une complication scélérate, qu'il avait fait fabriquer sur ses indications, pour triompher des vertus farouches et des résistances opiniâtres. Ce fauteuil se montait à volonté ; non monté, il ressemblait à un bon et simple fauteuil, un meuble de famille ou d'Académie recouvert d'un honnête velours d'Utrecht, qui semblait appeler la sieste ou la lecture. Monté, c'était une bête d'acier prête à déchirer sa proie. Dès qu'une victime lui était jetée, ses bras mus par un ressort invisible se refermaient sur elle comme deux bras humains et l'étreignaient sans pitié, en maîtrisant ses moindres mouvements. Un semblable ressort s'attaquait aux membres inférieurs et les écartait avec une implacable précision, les retenant et les empêchant de glisser à terre.

Cet horrible et lâche fauteuil, comme on le voit, supprimait le madrigal. Il supprimait bien d'autres choses et surtout l'honneur des trop nombreuses victimes que Fronsac lui livrait. Le *sujet* ne pouvait opposer pour unique défense que des cris désespérés, mais encore finissait-on par en avoir raison en employant un de ces bâillons connus sous le nom de *poires d'angoisse*, et qui introduits dans la bouche, la dilataient outre mesure. Jeux de roué. Les filets de Fronsac équivalaient pour les femmes à une sorte de guillotine.

Tel était le guet-apens monstrueux auquel, par un reste de gentilhommerie, le maréchal voulait soustraire la pauvre Roberte, — pour la livrer, il est vrai, à d'autres combinaisons dont le but était le même.

Après avoir fait quelques pas dans la chambre, le maréchal se tourna vers l'estafier et lui dit :

— Tu m'as entendu ? Je ne veux pas que cette jeune fille soit à M. le duc.

— Monseigneur n'a qu'à ordonner.

— Tu la conduiras à mon pavillon de Fronsac. Arrange-toi pour qu'elle y soit rendue dans trois jours.

— Dans trois jours, oui, monseigneur.

— J'y serai moi-même à cette date.

Richelieu alla à son secrétaire en bois de rose et y traça quelques lignes.

— Voici pour madame Rousse, dit-il ; tu lui remettras ce billet.

— Il suffit, monseigneur.

— Je recommande qu'on ait des égards pour cette demoiselle.

Le pavillon de Fronsac, distant de quatre lieues environ, était surtout destiné à abriter les divertissements intimes du maréchal, l'hôtel du gouvernement, à Bordeaux, étant affecté aux divertissements officiels.

X

LE TERTRE DE FRONSAC

Rien de plus joli que le tertre de Fronsac. Je ne sais qui est-ce qui lui a trouvé cet aimable nom de *tertre*, mais il est resté. Il faut y monter, comme j'y suis monté, par une de ces belles journées d'été, radieuses et chaudes, qui prolongent l'horizon et semblent le noyer dans un poudroiement lumineux et profond. L'ascension est tout à fait agréable. Fronsac commence par un village et finit par un plateau, où conduit un délicieux chemin planté d'arbres auxquels un vent frais — le zéphyr de nos aïeux — permet de balancer sans relâche leurs légères ramures, en manière de salutation. Du haut de ce sommet parfumé, le point de vue est magnifique et s'étend à l'infini. A vos pieds, vous découvrez Libourne et ses promenades régulières ; à droite, la Dordogne, large et rapide, aux longs replis verdoyants, un des plus beaux fleuves de France ; à droite, l'œil se dirige vers Coutras, à travers des prés et des cultures d'une opulence extrême. On distingue Condat, où l'on croit voir l'antique demeure du poète Ausone. Enfin, quand le regard ébloui est lassé par le spectacle de toutes ces merveilles, l'esprit a son tour et peuple de nombreux souvenirs ces lieux qui ont été tour à tour visités par Louis XI, François Ier, Charles IX, Louis XIII, pour ne citer que ceux-là.

Fronsac a son histoire. On ne le dirait pas à voir ce bourg aujourd'hui si tranquille, si reposé. Mais rien n'échappe à la vie active, cette loi générale. La moindre butte de terre a ses fastes; ceux de Fronsac en valent bien d'autres. D'abord l'œil formidable de Charlemagne s'est arrêté sur l'humble tertre, et l'on m'accordera que l'empereur à la barbe fleurie était un stratégiste de quelque valeur; Charlemagne, devenu possesseur de l'Aquitaine, avait élevé au sommet de Fronsac un fort dont il est plusieurs fois question dans les annales.

Plus tard, ce fut un tyranneau, reste des temps barbares, un seigneur, Hercule d'Argilemont, qui remplaça le fort par un château où il exerçait les fonctions de commandant. Ce d'Argilemont, au nom de romance, existait sous Louis XIII ; il était à la fois l'opprobre et la terreur du pays, qu'il désolait par toutes les exactions possibles. Il avait surtout une façon bizarre de correspondre avec les jurats de Libourne ; il leur envoyait à coups de boulet ses invitations à comparaître. Les jurats savaient ce que cela voulait dire et arrivaient en tremblant se faire rançonner par le commandant de Fronsac.

Mais Louis XIII, qui était alors à Bordeaux, entendit parler de ce brigand. A despote, despote et demi. Le procès d'Hercule d'Argilemont ne fut pas long à instruire ; il fut arrêté, conduit à Bordeaux et condamné à avoir la tête tranchée en face du palais de l'Ombrière. Cette tête hideuse fut envoyée à Libourne à la demande des jurats, et clouée à la tour du port sur laquelle il avait si souvent pointé sa couleuvrine.

Le château fut rasé, avec interdiction de jamais rien édifier sur son emplacement. Mais on sait ce que valent ces édits. Après un siècle environ, et lorsque la mémoire du farouche d'Argilemont fut bien éteinte, le maréchal de Richelieu, qui avait déjà fait ériger Fronsac en duché-pairie, obtint facilement de Louis XV la permission de s'y bâtir une maison à l'*italienne*. L'idée était d'un homme de goût, et les contemporains ont raconté cent merveilles de cette habitation d'un épicurien passé maître en élégances.

Ce n'était partout qu'or et marbre, bois précieux, panneaux sculptés, dessus de porte encadrant de riants camaïeux, cabinets en coupole, salons tapissés de glace, de trop de glaces. Il y avait des terrasses, des galeries. Quant aux jardins, on sait que la nature avait fourni le principal; l'étendue avait été mise à profit comme dans un autre Trianon.

De cette coquette résidence, il ne reste pas une pierre aujourd'hui. La Révolution a tout détruit, tout saccagé.

Ce fut à Fronsac, disons-nous, que Roberte fut conduite. Elle y fut reçue par madame Rousse, une ancienne maîtresse du maréchal, élevée à la dignité d'une intendante.

Madame Rousse accueillit la jeune fille avec une politesse banale et cette indifférence acquise au service du Nestor de la galanterie.

— Entrez, mademoiselle, entrez... J'ai reçu les instructions de Monseigneur, lui dit-elle, en ne jetant d'abord sur elle qu'un œil distrait.

Puis, comme elle s'aperçut que Roberte restait immobile et muette, elle la regarda avec plus d'attention, et recula tout à coup de deux pas en s'écriant :

— Ah ! Dieu !

Ce fut au tour de Roberte à s'émouvoir.

— Qu'avez-vous, madame ? lui demanda-t-elle.

Madame Rousse ne répondit pas ; elle se contenta de murmurer :

— C'est étrange !

— Suis-je connue de vous, madame ? fit Roberte.

— Non, mademoiselle... Mais votre physionomie...

— Eh bien ?

— Me rappelle des traits... Oh! c'est étrange, en vérité !

Et madame Rousse ne se lassait pas d'examiner Roberte.

— Êtes-vous de Bordeaux ? lui demanda-t-elle.

— Oui, madame... je le crois, du moins.

— Comment, vous le croyez ?... que voulez-vous dire ?

— Excusez-moi, je vous prie. Je ne sais rien de précis sur ma naissance, ni sur mon enfance. J'ai été élevée à Talence par des paysans qui n'étaient ni mon père ni ma mère.

— Comment se fait-il ?...

— J'ai cru comprendre plus tard que j'avais été confiée à eux... Mais pourquoi m'adressez-vous ces questions, madame, et quel intérêt pouvez-vous prendre à ces détails ?

— A votre tour, excusez-moi, dit madame Rousse ; il s'agit d'une ressemblance si extraordinaire !

Et elle continua ?

— Ainsi, votre père, vous ne l'avez jamais vu ?

— Jamais, madame.

— Et votre mère ?

— C'est différent, mais j'en suis seulement aux suppositions... Je me souviens, quand j'étais toute petite, d'une belle dame qui venait me voir de temps en temps, et qui me prenait sur ses genoux en me mangeant de caresses.

— Une belle dame... répéta madame Rousse qui ne perdait pas une seule des paroles de Roberte, bien belle, n'est-ce pas ?...

— Oh ! oui, la plus belle de tout Bordeaux, à ce que j'entendais dire autour de moi.

— Et parmi ce que vous entendiez dire, n'entendiez-vous pas vanter particulièrement sa chevelure... une chevelure d'une couleur exceptionnelle.

— Oui, répondit Roberte avec vivacité... d'un blond ardent...

— C'est cela ! dit madame Rousse.

Roberte fit un mouvement, frappée de l'accent de l'intendante.

— Madame! madame! vous avez connu ma mère?

— Peut-être, dit madame Rousse, devenue songeuse... Mais achevez de me renseigner.

— Ah! de grand cœur!

— Jusqu'à quelle époque la protection de cette dame s'est-elle étendue sur vous?

— Jusqu'à l'âge de sept ou huit ans... Je fus alors placée dans un couvent, à quelques lieues d'ici. Mais ma pension ne fut payée que pendant peu de temps. A l'air dont on me renvoya, je compris que ma mère... ma bienfaitrice, veux-je dire... était morte, ne laissant aucune instruction me concernant... Voilà tout ce que je sais sur celle à qui vous trouvez que je ressemble si fort. Depuis, mon existence n'a été qu'un tissu de malheurs et de misères. A votre tour, madame, de m'instruire, si vous pouvez, et de m'apprendre qui était ma mère.

Mais madame Rousse hocha la tête, comme si elle se repentait d'en avoir trop dit.

Elle sentait qu'elle avait déjà beaucoup parlé.

Ce fut en vain que la jeune fille redoubla de sollicitations.

— Mademoiselle, répondit madame Rousse, j'en suis comme vous aux conjectures... Il y a un mystère là-dessous, certainement, mais je ne chercherai pas à l'approfondir. Je ne vois qu'une seule personne au monde qui peut vous renseigner.

— Et cette personne?

— Vous la connaissez aussi bien que moi, mademoiselle, dit madame Rousse, en reprenant son ton de voix bref, c'est le maréchal.

— Le maréchal de Richelieu? dit Roberte avec étonnement.

— Oui, mademoiselle.

— Mais je ne le connais pas, répliqua-t-elle.

Ces mots furent prononcés par la jeune fille avec une telle expression de candeur que madame Rousse en demeura stupéfaite.

Elle pensa tout bas : Elle ne connaît pas le maréchal! Est-ce que cela est possible, lorsque c'est lui qui l'envoie? Qu'est-ce que c'est que cette jeune fille, dont l'air et le langage sont si différents de ses autres protégées?

Une intrigante ? Je répugne à l'imaginer. On n'est pas une intrigante avec un front aussi pur et des yeux aussi limpides. Si c'était, en effet, celle que je crois être ? Comment son existence serait-elle restée ignorée jusqu'alors ?

Et tout haut, madame Rousse répéta :

— Vous ne connaissez pas le maréchal de Richelieu ?

— Non, madame.

— Oh ! ne put s'empêcher de s'écrier l'intendante.

— Comment le connaîtrais-je ? dit Roberte, prête à s'offenser.

— Eh mais ! mademoiselle, cela n'aurait rien de surprenant, puisque...

— Puisque ? demanda Roberte.

— Puisque vous êtes chez lui.

Roberte eut un tressaillement.

— Chez le maréchal ? dit-elle, je suis ici chez le maréchal de Richelieu ?

— Assurément... dans son domaine de Fronsac.

— Cela ne se peut pas ! s'écria violemment la jeune fille.

— Attendez quelque temps ; vous en serez convaincue bientôt... Monseigneur arrive ce soir.

— Qu'est-ce que cela prouve ?

— J'ai reçu des ordres, mademoiselle, pour veiller à votre installation.

— Vraiment ?

— Son Excellente a recommandé que la meilleure chambre du château fût mise à votre disposition.

Une pointe d'ironie perçait dans les paroles de madame Rousse, toujours sur ses gardes.

Roberte, aussi méfiante qu'elle, murmura :

— Mon Dieu ! madame, il est probable que Son Excellence ne me connaît pas plus que je ne connais Son Excellence.

— C'est ce que nous verrons ce soir, dit madame Rousse ; il demandera sans doute à vous voir.

— Croyez-vous ? fit Roberte, effrayée.

— Cela est certain.

La jeune fille n'y comprenait rien. Enlevée par le fils, elle venait tomber chez le père.

Comment cela finirait-il ?

XI

OU L'ON REVOIT LES DIAMANTS

Il nous reste à dire comment Roberte avait été enlevée et ce qui s'était passé chez elle après son départ.

Des émissaires du maréchal de Richelieu et de ceux du duc de Fronsac, chassant le même gibier, c'étaient les émissaires du maréchal, plus alertes, mieux informés, qui avaient su gagner une avance de vingt-quatre heures.

En conséquence, un carrosse fermé avait attendu Roberte sur la petite place Saint-Rémy, et, sous une escorte de gens appartenant au maréchal, l'avait transportée à Fronsac, au lieu de Mérignac où elle croyait aller.

Avant de quitter son logement, non sans un grand combat intérieur, elle avait écrit à Sernin une lettre qu'elle avait laissée en évidence sur sa table.

Voici ce que cette lettre contenait :

« Mon ami, je vous ai attendu jusqu'à présent, triste, muette, les yeux fixés sur la porte, croyant à chaque minute vous voir entrer. Aujourd'hui j'ai cessé de vous attendre. Et c'est moi, à mon tour, qui vous dis adieu, Sernin.

» Hier, j'ai voulu savoir la vérité, et je me suis rendue aux environs du cours Saint-André. Je vous ai guetté pour la première fois et pour la dernière fois de ma vie. Mal m'en a pris, hélas! Je vous ai vu sortir en voiture avec celle qui m'a succédé dans votre cœur. Que n'ai-je eu le courage de me précipiter sous les roues !

» Ne cherchez pas à me retrouver ; mais vous n'y pensez pas sans doute. Je m'en vais je ne sais où. En vous quittant, je vous débarrasse d'un fardeau et d'un devoir. Cela vaut mieux peut-être ainsi ; je n'aurais jamais pu être pour vous une amie telle que vous l'aviez rêvée, c'est-à-dire doublée d'une confidente.

» Vous ne me reverrez plus, Sernin, où si vous me revoyez, ce sera par hasard ; je serai à vos yeux ce que j'étais avant notre rencontre, une étrangère. J'aurai passé sans laisser de trace dans votre vie. Hélas ! il faut croire que je ne suis pas née pour le bonheur. Mon enfance a été une énigme ; ma mère ne s'est dévoilée à moi qu'à demi, et je n'ai jamais reçu ses baisers qu'en cachette. Pauvre mère ! il est probable qu'elle n'est plus de ce monde ; si elle vivait, elle m'aurait consolée de tout...

» Adieu, Sernin ! »

Les pleurs avaient interrompu plusieurs fois ce triste message, qui n'avait ni date ni signature.

Un quart d'heure après, Roberte désertait le pauvre logement de la petite place Saint-Rémy.

La première personne qui entra dans la chambre abandonnée, ce ne fut pas Sernin, ce fut une de nos anciennes connaissances, ce fut Loupiac.

Se souvient-on que nous avons laissé Loupiac à demi assommé dans une des ruelles avoisinant le port? Après un séjour d'une semaine à l'infirmerie du fort du Hâ, comme on ne relevait pas de nouvelles charges contre lui, il fut remis en liberté. Sa première visite, nous devons le dire à sa louange, fut une visite à Sernin, — Jean de la Réole pour lui.

Non seulement Loupiac aimait Jean, dont il reconnaissait la supériorité d'intelligence et d'esprit, mais son amitié s'étendait également sur Roberte. Et qui ne se serait immédiatement attaché à cette jeune fille, si charmante d'aspect et si douce de maintien ?

Donc, ce jour-là, Loupiac était venu serrer la main à Sernin et à Roberte, et leur demander en passant un verre de petit Médoc.

On était au crépuscule lorsqu'il s'engagea dans l'escalier de la place Saint-Rémy. Il s'annonçait en fredonnant sa romance favorite :

**C'est dans la ville de Bordeaux
Qu'est arrivé trois beaux vaisseaux...**

Après avoir trébuché plusieurs fois, il frappa à la porte. Personne ne répondit.

— Holà! les moineaux! ouvrez, c'est moi... c'est votre bon ami Loupiac.

Même silence.

Il recommença son tapage des poings et des pieds.

— *Qu'es aco?* continua-t-il; êtes-vous devenus sourds?

Il se décida à pousser la porte. Elle céda.

— *Capdébious!* s'écria-t-il; la maisonnée est donc bidé... Qu'est-ce que cela signifie?... Ils ne peuvent pas être éloignés, puisque la clef est restée sur la porte. Attendons-les.

Pourtant, son regard furetait partout.

Il alla au buffet et l'ouvrit.

— Si encore ils avaient laissé quelque chose pour prendre patience... un restant de *graton*, un *choine*... Mais rien, rien!...

Alors, il s'arrangea commodément pour les attendre dans l'unique fauteuil de l'appartement.

J'ai dit que la nuit était proche; elle provoquait à la songerie, mais Loupiac n'était pas songeur. A peine assis, le sommeil le gagna.

Lorsqu'il se réveilla au bout d'une heure, il fut témoin d'un singulier spectacle.

L'obscurité était stellaire.

L'attitude renversée qu'il avait prise pendant le sommeil lui permettait de voir les solives du plafonds dans leur ensemble.

Tout à coup, à force de les fixer longuement, attentivement, il finit par distinguer un certain nombre de petits points lumineux, pareils à des étincelles courant dans un papier brûlé...

Il s'immobilisa dans cette contemplation.

— Ouais! murmurait-il; qu'est-ce que cela veut dire? est-ce qu'ils auraient fait illuminer leur plafond en mon honneur?

Puis, comme pour examiner de plus près, il monta sur une chaise.

La chaise n'était pas assez haute.

Il approcha une table et monta sur cette table, au risque de se casser le cou.

Cette fois, ses doigts atteignirent aux solives. Là, ils errèrent, tatonnèrent...

A force d'errer, ils rencontrèrent quelques aspérités.

Enfin, ils firent choir involontairement

deux ou trois petits objets pareils à des cailloux, qui étincelaient. Il les ramassa, et, les rassemblant dans le creux de sa main, il les porta vers la fenêtre où il les examina de très près.

— Si c'étaient des diamants ! s'écria-t-il.

Et sa main fut agitée d'un tremblement nerveux.

— Sangodémi ! dit-il ; c'est donc là que Sernin cache ses boutons de chemise !

Sans prendre le temps de réfléchir, Loupiac descendit rapidement chez un marchand *graisseux* de la place. On appelait ainsi les épiciers de ce temps-là. Il acheta un briquet et des chandelles.

Remonté immédiatement au second étage, il fit la clarté et put continuer ses perquisitions.

Des diamants ! c'étaient bien des diamants ! Et non seulement des diamants, mais encore des pierres précieuses de toutes sortes et de tout calibre : des rubis, des opales, des améthystes, des saphirs, des topazes, des émeraudes, des chrysolithes ! Tout cela caché, niché, encastré, enfermé, dissimulé, dérobé dans des trous, dans des crevasses, dans des fentes, dans des lézardes, dans des interstices ; bouchant les mortaises, s'insinuant dans les poutres, dans les charpentes. Un poudroiement, un scintillement, un éblouissement !

Loupiac avait eu deux idées en faisant cette trouvaille miraculeuse.

La première, à laquelle il se hâta d'obéir, avait été de remplir ses poches.

La seconde idée, d'un ordre plus subalterne, avait été de se demander à qui était ce Potose.

— Si c'est à Jean, commé tout lé fait supposer, se dit Loupiac, j'accomplis une chose touté simplé en partàgeant avec lui... Si lé propriétairé m'est inconnu, jé joué lé rôlé dé la Probidence dans la société, jé mé substitue à la justice en mettant la main sur lé trésor et en en opérant l'équitavlé répartition.

On voit que Loupiac était un parfait logicien.

Pour réaliser l'enlèvement et le transport des précieux projectiles, il fut obligé de faire deux voyages qui ne s'opérèrent pas sans lui avoir inspiré de vives inquiétudes.

Quant à la lettre laissée par Roberte sur la table, ce fut à peine s'il en prit connaissance.

— Bah! des affaires de sentiment! des vétises! dit-il.

Et majestueusement, il opéra sa sortie comme il avait opéré sa rentrée, en fredonnant :

C'est dans la ville de Bordeaux
Qu'est arrivé trois grands vaisseaux...

XII

RETOUR CHEZ LA CLAIRVILLE

Au bout de quelque temps, la Clairville finit par s'apercevoir que son intendant ne découvrait rien du tout. En revanche, il passait de longues heures à la contempler et à pousser de gros soupirs capables de déraciner les superbes tilleuls du Jardin-Public. Il était visible que ce serviteur était indiscrètement épris de sa maîtresse.

Pendant les premiers jours, la comédienne feignit de n'en rien voir. Que pouvait-elle faire de la tendresse de ce policier, elle si fière, si méprisante ? Ce n'était pas une femme à caprices et surtout à caprices au-dessous de son état ; elle avait oublié son origine, ou plutôt elle ne voulait plus s'en souvenir. Elle n'était pas de celles qui introduisent la compassion dans l'amour, comme la Gaussin : il lui fallait, comme Adrienne Lecouvreur, un Maurice de Saxe.

Clairville avait devancé son époque, et sur la fin du dix-huitième siècle, elle réalisait ce type de la femme sans cœur qui plus tard devait faire les beaux jours du dix-neuvième siècle. Elle n'eut donc aucun mérite, vu les minces qualités de Sernin, à couper court à ses audacieuses espérances.

Un matin qu'elle vint à le croiser dans un corridor, où il semblait errer dans l'espoir de la rencontrer, elle l'apostropha en ces termes :

— Monsieur Sernin ?
— Madame ? dit-il.

Elle l'examina en silence, puis au bout de quelques minutes :

— Connaissez-vous les *Fausses Confidences* ? lui demanda-t-elle.
— Non, madame.
— C'est une comédie de Marivaux.
— Je ne l'ai jamais vue.
— Il faut que vous la voyez. J'y joue le

personnage d'Araminthe, on prétend que c'est un de mes meilleurs rôles.

Sernin s'inclina.

— Venez demain au Grand-Théâtre. On représente les *Fausses Confidences*, dit la Clairville.

— J'irai avec plaisir, madame.

— Un mot encore.

— A vos ordres, madame.

— Vous trouverez peut-être quelque rapport entre votre situation et celle de Dorante.

— Dorante ?

— C'est un personnage de la pièce qui s'introduit chez Araminthe sous l'habit d'un intendant.

— Ah ! murmura Sernin, en rougissant malgré lui ; sous l'habit d'un intendant ?

— Oui, dit la Clairville, cela est fort plaisant... Allez voir ça, monsieur Sernin.

— Je n'y manquerai pas certainement, madame.

— Et quand vous l'aurez vu...

— Eh bien ! madame ?

— Eh bien ! monsieur Sernin, vous viendrez m'en dire votre avis.

— Volontiers, madame.

Le lendemain, vivement intrigué, Sernin, tapi dans un coin du parterre, écoutait, sans en perdre une syllabe, les *Fausses Confidences*.

Il passa la nuit à réfléchir, et prit pour son compte ce qu'il avait à prendre du chef-d'œuvre de Marivaux. Si bien que son siège était fait lorsque la Clairville le fit demander.

De son côté, celle-ci s'était arrêtée à un parti sérieux. Son accent était vibrant, son œil décidé.

— Je vous ai vu à la représentation, dit-elle à Sernin.

— Vraiment, madame, il faut que vous ayez de bien bons yeux, lui répondit-il d'un ton enjoué.

— Je vous ai vu applaudir aux bons endroits.

— C'était alors ceux où jouait madame.

— L'esprit de Marivaux a déjà déteint sur vous... Que pensez-vous de la pièce ?

— Je l'admire sans réserves, dit-il.

— Eh quoi ? vous ne trouvez pas l'intrigue invraisemblable.

— Pas du tout, madame.

— Cependant, ce Dorante qui se fait passer pour un intendant... N'approuvez-vous pas la façon dont je renvoie ce petit monsieur à ses soupirs: « J'avais envie de vous charger d'examiner mon procès, mais je crois pouvoir vous dispenser de ce travail : *Je ne suis pas sûr de vous garder.* »

Sernin se sentit atteint, mais il ne fit rien voir.

— J'admire entièrement le jeu d'Araminthe, dit-il, mais je préfère ce passage où elle rend plus de justice à Dorante : « Qu'est-ce donc que vous voyez et que je ne vois point? Je manque de pénétration, j'avoue que je m'y perds. Je ne vois pas le sujet de me séparer d'un homme qui m'est donné de bonne main, qui est un homme de quelque chose, qui me sert bien *et que trop bien peut-être.* Voilà qui n'échappe point à ma pénétration, par exemple. »

Ce fut autour de la Clairville à se mordre les lèvres.

— Vous avez de la mémoire, monsieur Sernin.

— Je suis à la réplique, seulement, répondit-il avec une fausse humilité.

— Convenez alors que vous vous tenez sur vos gardes...

— Moi? fit-il, avec un geste de dénégation.

— Et que vous craignez un peu la menace d'Araminthe à Dorante.

— Pourquoi la craindrais-je, madame, ne l'ayant point méritée ?

— Vous avez un rare aplomb, monsieur Sernin, avouez-le.

— J'ai peine à m'expliquer la sévérité de vos paroles.

— Comment ! s'écria la Clairville, perdant peu à peu la patience; vous vous êtes engagé à m'aider de tout votre zèle pour me faire retrouver mes bijoux... De mon côté, j'ai mis à votre disposition toutes les facilités, que vous m'avez demandées, et...

— Et vous trouvez que je n'ai pas fait assez de besogne ?

— Je trouve même que vous n'en avez pas fait du tout.

Sernin demeurait impassible sous les re-reproches.

Il semblait vouloir conduire la comédienne jusqu'au dernier période de l'exaspération.

— Madame, lui dit-il après un instant de silence, vous êtes injuste envers moi comme Araminthe envers Dorante.

— Laissons-là Dorante ! s'écria-t-elle en haussant les épaules ; c'est une comédie qu'il faut cesser.

— Ainsi, madame, vous renoncez à mes services ?

— Vos services ? répéta-t-elle ironiquement.

— Oui, madame.

Et comme s'il se parlait à lui-même, il dit à demi-voix :

— Allons, c'est décidé, il le faut !

Puis, haussant le ton :

— C'est cependant dommage, lorsque les choses étaient en si bon train.

Les yeux de la Clairville étincelèrent.

— Vous poussez trop loin la moquerie, monsieur Sernin.

— Et si je me justifiais d'un seul mot, madame ?

— Que voulez-vous dire ?

Il ne répondit pas, mais il tira de son gilet un élégant petit coffret qu'il présenta à la Clairville.

— Qu'est-ce que c'est que cela ? demanda-t-elle.

— Ouvrez, dit-il.

— Mon collier !

Sernin triomphait modestement.

— Mon collier ! répétait-elle, vous avez retrouvé mon collier !

Et ses yeux comptaient et dévoraient les perles une à une...

Puis, ils allaient du collier au jeune homme resté souriant.

— Ah ! monsieur, combien je suis confusionnée ! dit-elle dès qu'elle put parler ; et que d'excuses je vous dois !

— Non madame ; cela m'a coûté moins de peine que vous le supposez.

— Je n'ose penser, jusqu'à quel point je vous ai méconnu. Quel homme habile vous faites !... Mais comment vous y êtes-vous pris ?

— C'est mon secret. J'aurai préféré attendre encore quelque temps et vous remettre tous vos brillants à la fois.

— Monsieur Sernin, pardonnez à mon inconscience, je suis tout à fait rassurée maintenant... Prenez-en à votre aise, je vous en prie.

XIII

ÉVANOUISSEMENT

Brûlant le pavé, soulevant la poussière, le carrosse du maréchal de Richelieu, escorté par devant, escorté par derrière, galopait vers Fronsac, où il était attendu.

Il s'y rendait à peu près régulièrement tous les mois, soit pour travailler aux affaires du gouvernement, soit pour donner certaines audiences qui exigeaient le mystère le plus complet.

Ce jour-là, l'élégante villa devait être le théâtre d'une aventure destinée à marquer dans l'existence orageuse du gouverneur de la Guienne. Ses familiers et ses serviteurs avaient remarqué plus de fatigue que d'habitude dans sa physionomie.

Aussi, après avoir « fait ses comptes » avec madame Rousse, il allait passer dans sa chambre pour y goûter quelque repos, lorsqu'il se souvint d'avoir oublié quelque chose.

— A propos, dit-il, et cette jeune fille qui devait vous être adressée ?

Madame Rousse attendait cette demande, car elle répondit :

— Elle est ici, monseigneur.

— Où l'avez-vous logée ?

— Dans le petit pavillon sud dont les fenêtres donnent sur l'étang.

— Bien.

Et il ajouta d'un air distrait :

— Vous l'avez vue ?

— Oui, monseigneur, répondit madame Rousse avec une nuance de surprise.

— Comment est-elle ?

— Cette question de la part de monseigneur... Il est donc vrai que Votre Excellence ne connaît point cette demoiselle ?

— Très vrai. Cela vous étonne ?

— Je l'avoue. Il n'entre pas dans les habitudes de monseigneur d'acheter chat en poche.

— Aussi n'est-ce pas d'un marché qu'il s'agit en cette occasion... C'est presque une bonne action que j'ai envie de faire.

— Une bonne action... vous, monseigneur !

Le maréchal de Richelieu eut un sourire.

— Savez-vous, ma chère Rousse, que vous frisez l'impertinence ?

— Nous sommes seuls, monseigneur... Et cette bonne action ?

— Je veux soustraire cette jeune fille à quelqu'un de votre connaissance.

— Soustraire ou souffler ?

— C'est ce que nous verrons tout à l'heure... quand vous m'aurez appris si elle est jolie... car vous ne m'avez pas encore répondu sur ce chapitre.

— C'est que ce chapitre m'est antipathique, je ne m'explique pas pourquoi.

— Enfin, est-elle jolie, oui ou non ? fit le maréchal perdant patience.

— Je ne sais, dit madame Rousse, qui ajouta en hésitant : Je sais seulement qu'elle ressemble extraordinairement à...

— A qui ?

— A une personne que Votre Excellence a beaucoup connue.

— Mais encore?...

— Monseigneur, croyez-vous aux revenants?

— Cela dépend, répliqua Richelieu sur un ton de badinage.

— Alors, vous y croyez?

— Quand ils ont vingt ans, de beaux yeux et de beaux cheveux.... Est-ce l'âge de votre revenant?

— Oui, monseigneur.

— Alors, faites-moi annoncer.

— Je me charge de ce soin, dit madame Rousse avec empressement.

Quelques minutes après, le maréchal de Richelieu, précédé d'un grand laquais portant un flambeau magnifique, traversait une série de salons aboutissant à la chambre de Roberte.

La jeune fille était debout, toute pâle et comme saisie d'un involontaire effroi.

Le maréchal entra de son pas plein d'aisance et de noblesse, et, comme il était de ceux qui se laissent regarder plutôt que de regarder eux-mêmes, il ne se hâta point de lever les yeux sur Roberte. Cependant, lorsqu'il eut fini par la regarder, il ne put, en dépit de sa profonde rouerie, contenir une exclamation de surprise.

Dans cette jeune fille, blanche et immobile, amenée là pour ses caprices princiers, il venait de reconnaître la vivante effigie de sa propre fille, la tant regrettée comtesse d'Egmont, la plus belle et la plus grande dame de toutes les grandes et belles dames de France, descendante de la noble et puissante maison de Guise, princesse de Clèves et de l'Empire, duchesse de Gueldres, de Juliers et d'Agrigente, grande d'Espagne de la création de l'empereur Charles-Quint.

— La Rousse a raison, murmura le maréchal ; c'est une ressemblance prodigieuse.

Pendant qu'il la regardait, Roberte, de plus en plus pâlissante, se laissa tomber à ses genoux en balbutiant d'une voix éplorée :

— Grâce ! monseigneur, grâce !

Le maréchal fit un mouvement vers elle pour la relever.

— La même voix que Septimanie ! dit-il.

Et la conduisant vers un sofa :

— Rassurez-vous, mademoiselle ; qui peut causer votre frayeur ? Serait-ce moi, par hasard ?... Je ne me croyais pas une physionomie si rébarbative.

Roberte se remettait peu à peu.

— Excusez-moi, monseigneur, mais on m'avait dit... on m'avait raconté...

— Toujours mon ancienne réputation ! fit le maréchal ; on m'aura dépeint à vos yeux comme un Croque-mitaine... Mais regardez-moi donc bien, mon enfant !

— Je vous regarde, monseigneur, et je vous trouve l'air bon... bon comme un père.

Le maréchal tressaillit involontairement.

— Un père ? je l'ai été, je le suis encore... et je pourrais même être grand-père.

— Vraiment, monseigneur ?

— Je pourrais avoir une petite-fille de votre âge... Oui, plus je vous regarde, plus il me semble revoir ma Septimanie, ma chère Septimanie... celle que j'ai tant aimée, celle que j'aime tant encore, malgré la nuit du tombeau qui nous sépare... Ce sont ses traits si suaves, cette distinction si rare et jusqu'à cette chevelure fauve qu'elle était seule à posséder... Chère fille! elle avait pris toute mon âme!

Et il recommença l'interrogatoire que madame Rousse avait ébauché.

Mais là où madame Rousse émettait un doute, il apportait une certitude. Ce fut ainsi qu'en rassemblant des dates et des faits, il acquit peu à peu la preuve que Roberte était le fruit anonyme d'une des erreurs de la comtesse d'Egmont. Tout se réunissait là pour lui fournir des indices irrécusables. Il se rappelait certaines lettres de sa fille trouvées après sa mort dans ses papiers, et qui jusqu'à présent étaient restées à l'état d'énigmes. Aujourd'hui elles s'éclairaient d'une lumière soudaine, de la lumière de l'authenticité.

Il n'y avait pas jusqu'à ce nom de Roberte qui ne fût un document ; il se souvint qu'un des plus beaux gentilshommes du pays bordelais s'appelait Robert de Lormont.

On comprend combien la comtesse d'Egmont, malgré son indépendance d'allures, dut s'entourer de précautions pour cacher la naissance de cette enfant. Et plus tard, quand sa ressemblance la dénonça à tous les yeux, que de difficultés elle éprouva à la faire élever!

Frappée subitement par la mort, la pauvre mère n'eut pas le temps de confier Roberte à un ami ou même de remettre le soin de son avenir à un homme d'affaires. Cela explique son renvoi du couvent et l'abandon qui s'en était suivi. Aujourd'hui que la Providence ou le hasard s'était chargé de la rendre à son ascendant naturel, tout promettait d'aller le mieux du monde.

Contenant difficilement la joie infinie qui le débordait, le maréchal de Richelieu, sans s'ouvrir davantage dans une première entrevue, s'adressa en ces termes à Roberte :

— Regardez-vous ici comme chez vous, mademoiselle... Je n'ai pas de petite-fille, vous m'en tiendrez lieu.

— Tant de bonté, monseigneur... c'est à peine si j'ose y croire!

A ce moment, les beaux yeux de Roberte se fixaient avec une ineffable expression de reconnaissance sur le maréchal, lorsqu'elle crut s'apercevoir qu'une révolution s'opérait dans son visage.

Il pâlit et porta la main à son cœur.

Roberte n'eut que le temps d'appeler au secours.

Madame Rousse, qui n'était pas loin, s'empressa d'accourir. Aidée de la jeune fille, elle transporta le gouverneur dans un fauteuil. Là, elle défit promptement sa veste, et chercha sous la dentelle un flacon qui y était toujours, et qu'elle lui fit respirer.

— O mon Dieu ! fit Roberte secouée par l'inquiétude.

— C'est une de ces syncopes auxquelles Son Excellence est sujette, dit madame Rousse.

Le valet de chambre Quimont, qui se trouvait du voyage, fut appelé. Il connaissait les habitudes de son maître et était son confident dans tous les secrets si compliqués de sa toilette.

Roberte sollicita la faveur de ne pas le quitter ; cette permission lui fut octroyée par madame Rousse, qui, d'une chambre à côté, avait entendu sa conversation avec le maréchal, et qui ne doutait plus maintenant qu'elle ne fût la fille de la comtesse d'Egmont. L'habile surintendante de Fronsac vit tout son intérêt à faire d'elle son alliée.

D'ordinaire, les syncopes du maréchal de Richelieu étaient sans gravité ni durée ; mais, cette fois, son indisposition parut prendre un caractère plus sérieux. Vers le milieu de la soirée, il n'était pas encore revenu à lui, bien que sa respiration suivît un cours régulier et paisible.

Madame Rousse et le valet de chambre délibérèrent pour mettre leur double responsabilité à couvert. Si habitués qu'ils fussent l'un et l'autre aux fantaisies souvent déconcertantes de l'illustre vieillard, ils ne pouvaient perdre de vue ses quatre-vingt-quatre ans bien sonnés. En conséquence, ils décidèrent d'envoyer immédiatement des courriers à ses parents et à ses amis.

Le premier auquel ils écrivirent fut, par ordre naturel, le duc, son fils, à Mérignac.

Fronsac pensait en ce moment à cette jeune fille blonde dont il était épris depuis quelque temps et que ses agents avaient promis de lui amener.

— Son Excellence le gouverneur est dangereusement malade !

Telles furent les paroles qui retentirent

tout à coup à son oreille, prononcées par un domestique accouru à franc-étrier.

— Malade... lui, mon père? dit Fronsac, qui se contint pour arrêter un geste d'incrédulité.

— Oui, monseigneur... Partez vite... le temps presse.

— Partir! s'écria le duc.

— Pour Fronsac... oui, monseigneur... C'est là que Son Excellence a été frappée d'une attaque très grave.

— En êtes-vous bien sûr? dit l'irrévérencieux personnage; mon père m'a quelquefois joué de ces tours-là... Est-ce que vous croyez qu'en remettant le voyage à demain?...

— Oh! monseigneur!... le cas de Son Excellence est tout à fait inquiétant.

— Alors, partons!

Quatre heures après, le duc de Fronsac était arrivé, et gravissait rapidement les degrés qui conduisaient chez son père, en faisant résonner la maison de ses démonstrations affectées.

— Mon père! où est mon père!! que j'embrasse mon cher père!!!

On eût dit, à le voir et à l'entendre, un de ces Léandres exagérés de la Comédie-Italienne.

Quimont eut toutes peines du monde à l'empêcher de se précipiter sur le maréchal et de le presser dans ses bras.

— Prenez garde, monseigneur, oh! prenez garde! vous allez étouffer Son Excellence!

— Ah ça! faquin, lui dit Fronsac, crois-tu donc que je ne sais pas aussi bien que toi comment on soigne son père?... Voyons, quel médecin a-t-on envoyé chercher?

— Aucun, monseigneur.

— Comment, aucun?

— C'est la volonté formelle de M. le maréchal en semblable circonstance; il ne peut supporter que M. Tronchin, et M. Tronchin n'est pas à Bordeaux.

— L'a-t-on saigné au moins?

— Miséricorde! saigner M. le maréchal!... Vous n'y pensez pas... Ce serait vouloir le tuer.

— Et moi, j'entends qu'il soit saigné! dit Fronsac d'une voix impérieuse.

Le valet de chambre se dressa en répliquant :

— On me tuera plutôt que de le saigner.

— Monsieur Quimont, vous le prenez sur un ton...

— Monsieur le duc, voilà vingt ans que je n'ai pas quitté Son Excellence d'un seul jour, et...

— Que m'importe! dit Fronsac, dont la colère allait augmentant.

Tout à coup cette colère, qui était celle d'un homme de bas étage et non d'un grand seigneur, fut détournée par un incident inattendu.

Jusqu'à présent, il n'avait pas regardé les gens qui se trouvaient dans la chambre, éclairée seulement par la lueur discrète d'une lampe.

Enfin, il promena sur eux ses regards, et soudain, il laissa échapper une exclamation... Il venait de reconnaître au chevet de son père la personne qu'il s'attendait certainement le moins à y rencontrer, Roberte!

Il crut rêver.

Quoi! Roberte, la petite marchande de

fleurs, dans la maison de plaisance du gouverneur de la Guienne ! Roberte, cette pauvre fille qui fuyait ses pièges à lui, Fronsac, et qui, du premier coup, venait tomber dans ceux de son père ! Que faisait-elle là ? Et pourquoi aucune des personnes réunies n'avait-elle l'air étonné de sa présence ? Il fut tenté de l'interroger brusquement là-dessus, mais, malgré son naturel grossier et hardi, il n'osa pas. Il verrait plus tard dans la soirée ; il se fiait aux événements et au hasard, il guetterait les occasions pour lui parler. Déjà son exclamation n'avait pas été sans être remarquée ; il fallait laisser s'amortir l'impression qu'elle avait produite.

Quant à elle, Roberte, elle était réellement épouvantée. L'apparition du duc de Fronsac lui avait fait peur. Elle le savait méchant et vindicatif, et il devait avoir un double motif de lui en vouloir, car non seulement elle avait repoussé ses propositions, mais encore elle s'était jouée de son amour. Heureusement que si elle avait à redouter la vengeance du fils, elle se sentait forte de la protection du père.

11.

— Mon enfant, vous êtes ici en sûreté, lui avait-il dit.

Et ces paroles du maréchal de Richelieu étaient restées gravées dans la mémoire de Roberte.

XIV

En sûreté ! — Oui, comme la victime sous le même toit que son persécuteur !

Roberte avait demandé à veiller le maréchal alternativement avec madame Rousse et avec le valet de chambre Quimont.

Ce que voyant, le duc de Fronsac n'avait point voulu avoir l'air de demeurer en reste de tendresse filiale et il avait manifesté le désir de coucher non loin de son père, ce qui, dans ses projets, avait l'avantage de le tenir rapproché de la jeune fille.

Quimont affirmait que le maréchal ne tarderait pas à revenir bientôt de son évanouissement. Aussi avait-il jugé inutile de le déshabiller et de le transporter dans son lit.

Il craignait ses colères au réveil, car ces indispositions avaient cela de particulier que rien ne lui échappait de ce qui se passait autour de lui. Bien qu'il lui fut impossible de bouger et de parler, il entendait et voyait à merveille. Quimont prétendait, en outre, que la souffrance était nulle.

Toute la nuit ce fut un perpétuel va-et-vient entre Bordeaux et Fronsac. On vit arriver successivement M. de Garches, le président de Gasc, le duc de Crillon, le banquier juif Peixotto et beaucoup d'autres. A voir la physionomie tranquille du maréchal étendu dans son fauteuil, on se rassurait, et, comme on ne craignait pas de faire du bruit, on échangeait quelques propos, on se serrait la main, on repartait.

Les heures s'écoulaient, pendant lesquelles le duc de Fronsac essaya plusieurs fois d'adresser la parole à Roberte. Mais elle faisait tout son possible pour l'éviter. Une fois cependant dans un corridor, il réussit à la joindre.

— Pourquoi feindre de ne pas me reconnaître ? lui dit-il.

— Oh ! pardon, monsieur le duc ! Mais je vous ai si peu vu...

— A qui la faute, cruelle ? fit-il en employant le jargon à la mode ; vous savez bien l'effet que vous avez produit sur moi.

Et il cherchait à lui prendre les mains.

Elle se débattait, palpitante et rouge.

— Ah ! laissez-moi, je vous en prie... une pauvre fille comme moi... monsieur le duc !

Quoique ces mots s'échangeassent à voix étouffée, ils n'en attirèrent pas moins l'attention de madame Rousse qui passait par là. L'étonnement du duc de Fronsac dans le salon à l'aspect de Roberte ne lui avait point échappé. Depuis cet instant, elle ne les avait pas quittés de vue. Quels rapports pouvaient exister entre eux ? depuis quand dataient ces rapports ? Autant de problèmes qui inquiétaient madame Rousse.

Dans la demi-obscurité du corridor, elle les heurta l'un et l'autre.

— C'est vous, monseigneur ? c'est vous, mademoiselle ?

Ils balbutièrent.

Puis, allant au-devant d'une question embarrassante (quoique rien, à vrai dire, ne l'embarrassât) Fronsac murmura :

— Je suis aise, ma chère madame Rousse, de retrouver ici la charmante mademoiselle Roberte.

— Comment, monseigneur ! vous connaissez mademoiselle ?

Fronsac avait reconquis son aplomb infernal. Il fit semblant de ne pas voir le regard suppliant que la jeune fille lui lança. Il avait à se venger d'elle ; il répondit sur une pirouette :

— Eh ! qui ne connaît pas la jolie marchande de fleurs du cours de l'Intendance ?

Ce fut comme un coup de foudre.

Roberte fondit en sanglots.

— Une marchande de fleurs ! dit madame Rousse, stupéfaite.

— Est-ce que vous ignorez la popularité de mademoiselle... de votre commensale ?... reprit Fronsac d'un accent ironique. Il ne doit pas en être ainsi, je le gage, de M. le maréchal, mon père..... Dans le cas contraire, je me ferais un plaisir de l'en instruire à son réveil.

— Oh ! monseigneur ! s'écria Roberte, cachant sa figure entre ses mains.

Madame Rousse était femme avant tout. En entendant ces paroles où la cruauté le disputait à la perfidie, l'indignation domina en elle tout autre sentiment, et elle riposta en ces termes :

— M. le maréchal ne sait qu'une chose, monsieur le duc : c'est que mademoiselle Roberte est votre sœur !

XV

Au point du jour seulement, Son Excellence commença à donner des signes de rétablissement.

Il y avait sept heures environ qu'il dormait. Un léger soupir annonça le retour de ses facultés.

Rien n'était changé autour de lui.

C'étaient les mêmes objets, meubles et tentures, vaguement teintés de la pâle coloration de l'aurore ; c'étaient les mêmes individus, excepté sept ou huit repartis pour Bordeaux afin d'y aller répandre de rassurantes nouvelles.

Les premiers regards du maréchal s'étaient ouverts et étaient tombés directement sur Roberte ; pleins d'une douceur infinie, ils semblaient vouloir lui dire :

— Je me souviens de vous... Oui, vous êtes celle qui avez changé toute mon existence... Soyez remerciée d'être restée auprès de moi !

Et comme il faisait des efforts pour parler :

— Ne vous fatiguez pas trop, monseigneur, disaient les deux femmes unies dans un même sentiment d'affection.

Il paraissait, d'ailleurs, avoir gardé nettement la mémoire des événements accomplis pendant sa léthargie, car il s'enquit du duc de Fronsac, et, lorsque Quimont lui eut appris son départ, sa physionomie en exprima une sorte de soulagement.

— Parti ! murmura-t-il ; allons, tant mieux... Un ennemi de moins !

— Oh ! monseigneur, dit Quimont, Votre Excellence va un peu loin.

— Non, non, reprit le maréchal ; je sais ce que je dis... Fronsac attend ma succession ; il peut l'attendre encore longtemps... d'ici là, je me prépare à lui jouer un tour sur lequel je veux avoir ton avis, Quimont...

Madame Rousse et Roberte se sentaient gênées par la tournure que prenait l'entretien ; heureusement que le maréchal lui-même les délivra de cette gêne.

— Suis-moi, dit-il, s'adressant à Quimont ; allons préparer ma recette.

Et se levant de toute sa haute taille, il sortit en s'appuyant sur le bras de son valet de chambre.

... Sa recette !

Nous touchons à l'une des manies de cet homme universel qui avait pris à tâche de gouverner son corps comme il gouvernait son esprit.

Mieux aurions-nous fait de dire : *ses recettes*, au lieu de dire *sa recette*, car il en avait de toutes sortes ; et le cabinet de toilette était la pièce importante de chacune de ses résidences. De bonne heure il avait entrepris d'être son propre médecin et composé lui-même plusieurs panacées dont il n'avait livré le secret à personne. Comme Don Quichotte, il se vantait d'être l'inventeur d'un autre *baume de fier-à-bras* qui l'avait souvent tiré de plus d'un mauvais pas et dont il était fort ménager. Ce remède, sur lequel il comptait pour dépasser cent ans, avait pour bases l'opium et le safran. A l'ordinaire, et dans l'état de bonne santé, il était au régime du petit lait. Toutes les deux heures il trempait un biscuit dans un vieux vin de Rota, un cru presque disparu aujourd'hui, situé à quelque distance de Cadix.

La chimie l'avait conduit à l'alchimie. Après avoir fait de la santé, il eut l'ambition de faire de l'or. La pierre philosophale l'éblouit de ses rayons. Curieux à l'excès, il appartenait à ces natures avides qui se sont appelées tour à tour le maréchal de Rais, Nicolas Flamel, le comte de Saint-Germain, Cagliostro. Il donna dans l'astrologie, dans la cabale ; tous les moyens lui étaient bons pour ses expériences. Ne l'a-t-on pas accusé, bien à tort sans doute, du meurtre d'un homme, qu'il aurait, à Vienne, en compagnie de quelques seigneurs allemands, « sacrifié à la lune » ? Sans son grand nom, il eût été jeté maintes fois dans quelques prisons du Saint-Office, pour fait de sorcellerie.

Il avait été l'élève d'un certain Damis, qui avait gagné sa confiance en le guérissant de crachements de sang auxquels il était sujet dans sa jeunesse, et qui avait entrepris de l'initier au « graud œuvre ». Richelieu promettait de faire de sérieux progrès, mais Damis, comme presque tous les personnages mystérieux, disparut un beau matin sans dire où il allait, abandonnant au fond d'un creuset tant était grand son désintéressement ! — un lingot fait en présence du duc, et qui pesait 722 livres 10 sous.

Quimont avait succédé à Damis ; mais ce Quimont manquait de zèle et surtout de feu sacré ; ce n'était qu'un aide fort ordinaire. Brave homme, pas autre chose.

Après avoir employé deux heures environ à fabriquer sa drogue, Richelieu poussa un *ouf!* de satisfaction, et rassuré pour l'avenir, il dit à son valet de chambre :

— Vois-tu, Quimont, il ne faut, plus désormais, nous laisser prendre au dépourvu... Hier, nous avons failli manquer de notre baume... Il ne nous en restait que quelques gouttes.

— La moitié de ce flacon.

— C'était bien peu... Qu'as-tu pensé en me voyant perdre connaissance... N'as-tu point eu crainte ?

— Oh ! non, monseigneur, je savais madame Rousse au courant... Et puis, votre cœur qui battait toujours... joint à un certain clignement des paupières qui ne vous quittait pas... Je m'apercevais bien que votre Excellence n'avait pas cessé de voir et d'entendre.

— C'est égal, cette nouvelle attaque m'a fait faire des réflexions... des réflexions morales.

— En vérité, monseigneur ?

— Et légèrement attristantes.

— Est-il possible ?

— Oui, Quimont. J'ai pensé à la stérilité de ma vie, si occupée et si agitée qu'elle soit à la surface... au néant de mes quatre-vingt-cinq ans...

— Quatre-vingt-quatre, monseigneur.

— Flatteur ! Enfin, l'attitude de mon fils m'a porté le dernier coup.

— Votre Excellence est sévère pour M. le duc.

— J'avoue que je ne peux pas lui pardonner d'avoir voulu me faire saigner... Ces façons d'agir en maître me sont absolument déplaisantes. Aussi, me suis-je permis de lui jouer un tour, et je tiendrai ma promesse. Tu verras, Quimont, tu verras !

— Monseigneur me fait bien de l'honneur.

— D'abord j'avais songé à le déshériter...

— Oh ! monseigneur !

— Et puis, j'ai réfléchi que j'avais sous la main un autre moyen de le punir, aussi efficace et aussi spirituel....

Après cette conversation, le maréchal procéda à une toilette d'apparat et annonça qu'il donnerait audience.

A peine avait-il fait connaître ses volontés que le grincement d'un lourd carrosse retentit sur la route de Fronsac. Bientôt, une berline de mode gothique déboucha et s'arrêta dans la cour d'honneur.

On frappa presque aussitôt à la porte du cabinet du maréchal, et une voix, — celle de madame Rousse, — fit entendre ces paroles :

— Monseigneur ! monseigneur !

— Que me veut-on ?

— C'est madame de Rothe qui arrive !

— Madame de Rothe ! répéta le maréchal en se dirigeant vers la fenêtre ; est-il possible ?...

Par l'écartement des rideaux, il vit descendre de la berline une femme jeune et fraîche, à la chair rose et blanche, et blonde.

Alors, se tournant vers son valet de chambre :

— Quimont ? dit le maréchal.

— Monseigneur ?

— Vois-tu bien cette femme qui met pied à terre ?

— Oui, monseigneur.

— C'est le ciel qui l'envoie pour me venger de Fronsac.

— Je ne comprends pas, monseigneur.

— Tu vas comprendre, dit le maréchal : comment la trouves-tu ?

— Mais... je ne sais... dit Quimont, embarrassé.

— Réponds toujours.

— Je la trouve agréable.

— N'est-ce pas ? L'air d'une déesse, le port d'une reine...

— Oui, monseigneur.

— Eh bien ? Quimont ?

— Eh bien ? monseigneur ?

— Si j'en faisais une maréchale ?

XVI

COLONELLE ET CHANOINESSE

Disons ce que c'était que madame de Rothe, qui est appelée à jouer un rôle important dans les dernières pages de ce récit.

Madame de Rothe était veuve d'un colonel irlandais qui avait appartenu à la compagnie des Indes, où il avait fait de mauvaises affaires. Il l'avait laissée veuve de très bonne heure, sans fortune, avec une jolie figure et une nichée d'enfants blonds comme des Amours.

D'origine strasbourgeoise, madame de Rothe avait été chanoinesse et portait, en cette qualité, un large cordon bleu par le travers du buste. Il ne fallait pas moins que cela pour atténuer ses manières assez communes. Elle parlait un français épouvantable avec un accent à faire pouffer de rire.

La manière dont le maréchal de Richelieu avait fait connaissance avec elle ne manquait pas d'originalité. C'était sur la route de Fontainebleau ; il revenait de la cour, lorsque, tout à coup, au milieu du chemin, il aperçoit une voiture renversée et brisée. Le maréchal s'arrête, et voit sortir de ce carrosse démantelé madame de Rothe et sa mignonne famille. Il offre ses services, on les accepte ; il emballe toute la petite troupe dans sa voiture à lui, et la ramène à Paris.

Dès le lendemain, il va faire sa visite, il se croit amoureux, il revient tous les jours, il se rend utile.

Ce manège dura plusieurs années, en tout bien, tout honneur. Richelieu se fit insensiblement une habitude de la compagnie de madame de Rothe ; il avait passé sur son horrible accent pour ne voir que sa douceur et son charme tant soit peu naïf. La sympathie qui les liait l'un à l'autre, leur faisait choisir les mêmes lieux de séjour, tantôt Paris, tantôt Bordeaux. Le dix-huitième siècle a de nombreux exemples de ces amitiés candides et durables.

Le jour où Richelieu tomba malade de cette maladie dont nous venons de décrire les incidents, madame de Rothe, qui habitait Bordeaux, eut hâte de se faire conduire à la maison de plaisance de son vieil ami.

— Ah! ma jèr maréjal! s'écria-t-elle en se jetant dans ses bras tendus vers elle ; ma jèr maréjal! gompien che suis héresse de fis safoir hors de tanger.

— Merci mille fois, mon excellente chanoinesse! Toujours aussi bonne que charmante!

— Ne m'abbelez pas janoinesse, abbelez-moi golonnelle!.

— Comme vous voudrez, ma chère amie, dit le maréchal.

— Foilà ze que fus rabbordent vos gondinuelles imbritensses!

— Mais non, ma chère colonelle, il n'y a pas eu d'imprudences, je vous le jure!

— Ne m'abbelez pas golonelle, abbelez-moi janoinesse.

— Volontiers, ma chère chanoinesse.

— Envin, fus fus èdes diré te là ?

— Grâce à mon élixir.

— Pah ! pah ! fus n'afez bas pezoin d'élizer ; fus fifrez audant gue Madhissalem.

— Croyez-vous, ma chère chanoinesse ?

— Chen zuis zire, monzeignir.

— Peu m'importe de vivre longtemps !... Je ne vis, vous le savez bien, que pour quelques bon cœurs comme vous.

— Fus èdes le blis aimaple tes hommes, monseignir.

— Prenez garde d'exagérer, colonelle.

— Non, mon illistre ami, che n'egssachire bas... Croyez-moi, laizez-fus fifre.

— Ce n'est pas aussi facile que vous le supposez.

— Fus blaissandez !

— Non, d'honneur... Savez-vous ce qu'il me faudrait pour m'encourager à la vie ?

— Coi tonc, z'il fus blit ?

— Il me faudrait une affection toujours présente, une amie sans cesse à mes côtés, en un mot ce que les faiseurs de romances appellent un ange gardien.

Madame de Rothe avait rougi dès les premiers mots, puis elle cacha son émotion sous un éclat de rire.

— Ein anche cartien? Tiaple! s'écria-t-elle; cela ne ze rengondre pas, en evet, du bremier goup.

— Je sais quelqu'un, cependant, qui réalise tout à fait cet idéal, murmura tendrement Richelieu.

— Fraiment?

— Vraiment... et qui n'est pas loin d'ici.

Richelieu avait fait asseoir madame de Rhote sur une large ottomane, qui gémissait sous le poids de sa riante et moelleuse anatomie.

Lui s'était placé devant elle, dans un fauteuil où étaient figurées en tapisserie de Beauvais les *Métamorphoses d'Ovide*.

Insensiblement et malgré ses quatre-vingt-quatre ans, il se laissa glisser à ses genoux.

Il fallait être l'acteur Baron pour oser, à cet âge, une évolution d'une aussi audacieuse et périlleuse pantomime.

Il fallait être le maréchal de Richelieu pour oser y ajouter cette phrase d'une imprévue galanterie :

12.

— Ma chère amie, voulez-vous me permettre de vous demander votre main ?

Madame de Rothe demeura saisie d'étonnement.

Toutes les roses du Rhin s'épanouirent sur ses joues.

D'abord, elle ne trouva rien à répondre.

— Ma main !... balbutia-t-elle : fus temantez ma main, monzeignir ?

Puis, s'apercevant qu'il était toujours resté dans la même position, elle lui dit avec son plus limpide sourire :

— Ah ! z'est zans tude bour fus relefer !

De la part de tout autre, le maréchal aurait fort mal pris cette réplique, mais elle venait d'une personne si douce, si dépourvue de malice, qu'il ne lui en garda pas rancune.

— Ma main ?... répéta lentement la colonelle.

Et, après une courte hésitation :

— La voilà ! ajouta la chanoinesse.

XVII

OISEAUX DÉNICHÉS

Nous avons vu que pour se maintenir en bonnes grâces auprès de la Clairville, Sernin avait imaginé de restituer un riche et magnifique collier faisant partie de la splendide collection de la comédienne.

C'était ingénieux assurément, très ingénieux, mais cela ne pouvait se renouveler fréquemment. Par ce manège, le receleur gagnait du temps, mais l'amoureux ne gagnait rien du tout. J'ai déjà dit que la Clairville n'éprouvait aucun tendre sentiment pour lui.

Cé stratagème ne pouvait donc le conduire

bien loin. Il prévoyait le moment où il faudrait se déterminer à un nouveau sacrifice, puis encore à un autre, s'il ne voulait recevoir définitivement son congé. En conséquence, il résolut d'entreprendre un voyage place Saint-Rémy pour s'y ravitailler.

En montant l'escalier, il se sentait soucieux ; il craignait la présence de Roberte. Sur ce chapitre il s'abusait. Il trouva la maison vide, et, sur la table, la lettre que la jeune fille y avait laissée. Il la lut. Le chagrin qu'il en ressentit fut violent, car il aimait réellement Roberte. Cet amour s'accrut de sa fuite.

Après cette lecture, il s'enferma dans sa chambre et se mit à chercher les diamants qu'il croyait toujours cachés. On sait que Loupiac avait passé par là. De stupeur, les yeux de Sernin se dilatèrent, après que les plus minutieuses perquisitions furent restées sans résultat.

— Dénichés les oiseaux ! s'écria-t-il avec abattement ; envolée la femme !

Il demeura plongé dans une longue méditation.

Etait-ce la femme qui avait emporté les brillants ?

Cela ne faisait aucun doute pour lui.

Et maintenant, Roberte avait-elle eu des complices ?

C'était probable, vu la timidité de son caractère.

Le reste allait tout seul. Savoir où était la femme, c'était savoir où étaient les diamants.

Il n'y avait pas besoin de la sagacité de Zadig, — avec laquelle devait être composée plus tard la sagacité d'Edgar Poë, — pour découvrir ce qu'un gazettier d'aujourd'hui baptiserait : le Drame de la place Saint-émy.

Ce qu'allait faire Sernin était tout indiqué. Se mettre en quête de Roberte. Pour cela, grâce à ses anciennes relations avec la police, il apprit que Roberte avait été enlevée à la brune, en voiture, par un groupe d'individus. D'ailleurs, les gens du maréchal de Richelieu n'y avaient pas mis tant de façons ni de mystères. On sut qu'ils avaient pris la route de Fronsac. C'était donc la route de Fronsac que Sernin devait prendre.

Il avait jugé inopportun, avant son départ, de se représenter à l'hôtel de la Clairville. N'ayant plus désormais d'à-compte à donner, et par conséquent son amour n'ayant plus à espérer, il n'avait aucun motif à y prolonger son séjour. Et puis, une voix secrète lui disait de se méfier; il y a une clairvoyance spéciale à l'usage des malfaiteurs.

On ne sera pas longtemps à voir se réaliser les pressentiments de Sernin. A l'heure où il partait mélancoliquement pour Fronsac, Lucile, la femme de chambre de la Clairville, se glissait furtivement chez le portier.

— Latapy, lui disait-elle.

— Mademoiselle ?

— Vous êtes seul ?

— Oui, mademoiselle Lucile... Qu'y a-t-il ?

— Du nouveau, Latapy.

— A propos de quoi ?

— A propos de Jean de la Réole.

— Entrez donc, fit le portier en s'empressant.

— Non, Latapy, j'ai trop à faire... Ce soir, à l'heure ordinaire du dîner... Ayez soin de prévenir tout notre monde.

— C'est entendu.

Le même soir, la bande de Jean de la Réole se trouvait réunie dans la loge du portier Latapy. C'étaient, comme le soir où nous les avons vus pour la première fois : le maître d'hôtel, les Deux-Cuisiniers, le cocher, le valet de chambre et la femme de chambre.

Ainsi que Lucile l'avait annoncé à Latapy, elle s'était chargée de porter à la connaissance de l'assemblée un fait grave concernant Jean de la Réole. Il ne s'agissait de rien moins que d'un cas de trahison.

— Parlez ! lui dit le chœur.

— Voilà. J'arrive tout de suite au fait. Vous savez qu'en ma qualité de femme de chambre de madame, tous les bijoux de sa toilette me sont connus. Or, l'autre jour, je lui vis prendre dans un de ses écrins un collier...

— Un collier ?

— Oui, un collier de perles, que je croyais au nombre de ses bijoux volés. A l'exclamation que je ne pus retenir, elle sourit : « Vous vous étonnez ? me dit-elle ; c'est mon nouvel intendant, c'est M. Sernin qui a retrouvé ce collier que je croyais, comme vous, perdu. »

— Que dites-vous, mademoiselle Lucile? s'écrièrent les assistants; Sernin a livré ce collier, ce collier qui ne lui appartenait pas... qui était notre propriété à nous tous?...

— Oui, mes amis, Sernin s'est rendu coupable de cette vilaine action!

Latapy grommela :

— N'avais-je pas raison de réclamer le partage général, lors de notre dernière réunion?

— Oui, oui... c'est vrai!

Le maître d'hôtel :

— En toute occasion, le partage immédiat c'est le parti le plus sage....

— Le plus honnête!

Ainsi raisonnaient ces coquins, parlant d'honnêteté.

Félix se frappa tout à coup le front d'un air désespéré.

— Et s'il allait n'être plus temps! s'écria-t-il.

Cette réflexion subite glaça l'assemblée.

— Si Jean allait disparaître emportant le reste ! continua Félix.

— Oh ! murmura-t-on avec une expression indignée.

Cette simple interjection renfermait tant de choses qu'elle ne pouvait être suivie que d'un moment de silence.

— Il en serait bien capable ! dit le maître d'hôtel.

— Lui, Jean de la Réole !

— Se déshonorer à ce point !

— Tout Jean de la Réole qu'il est, je m'en suis toujours méfié, dit le portier.

— Quant à moi, dit la femme de chambre, sa physionomie ne m'est jamais bien revenue.

— Ce n'est pas ce que vous avez toujours dit, mademoiselle Lucile, répliqua Félix, qui avait passé autrefois pour être le rival de Jean de la Réole.

Mademoiselle Lucile rougit jusqu'aux oreilles et répondit :

— Allez-vous me blâmer de vous avoir averti de son indélicatesse ?

— Non, ma chère Lucile, dit le gros maître d'hôtel; nous vous en remercions, bien au contraire.

— Mais comment allons-nous faire? demanda le cocher; attendrons-nous de lui voir restituer un à un tous nos bijoux à Madame?

Ils en étaient arrivés à dire *nos* bijoux.

— Le cas est embarrassant, firent les Deux-Cuisiniers.

— Quelque chose me dit qu'il ne remettra pas les pieds ici.

— Et alors, où le trouver?

— Savons-nous maintenant où il perche?

— Je crois me rappeler, dit Latapy, que c'est du côté du Grand-Théâtre... mais je n'ai rien de certain.

Tous ces propos allaient s'entre-croisant. Le plus philosophe de la bande — c'est-à-dire le maître d'hôtel — essaya de conclure en ces termes assez vagues :

— Peut-être n'est-ce qu'une fausse alerte?... Qui sait?

Et ainsi que la dernière fois, il proposa des

gâteaux et du *punch* — récente importation britannique.

Mais, la dernière fois, on avait bu à la santé de Jean de la Réole. Cette fois on but à l'extermination de Jean de la Réole.

XVIII

PAPA MARÉCHAL

Le maréchal de Richelieu voyait avec dépit se prolonger sa maladie ; il n'attendait que son entier rétablissement pour rendre public les bans de son troisième mariage, décidé dans son esprit.

Afin de se distraire, il entreprit de donner une fête à la blonde et douce madame de Rothe dans sa maison de Fronsac. De sa propre main il traça le programme des divertissements où il était passé maître : concert, partie sur l'eau, partie sur l'herbe, feu d'artifice, escarpolettes, moulin à vent, bal champêtre, et surtout comédie, — car pour Richelieu il n'y avait pas de plaisirs sans représentation théâtrale. En cela il tenait du maréchal de Saxe. Ces deux guerriers se plaisaient autant dans les coulisses que sur les champs de bataille. C'était d'ailleurs la folie du temps ; tout grand seigneur se doublait d'un impresario ; les gentilshommes de la chambre se partageaient la surintendance des théâtres : le duc d'Aumont avait la Comédie-Française, le maréchal de Richelieu avait la Comédie-Italienne. Quelque infime que fût ce dernier tripot, nul plus que Richelieu n'en prenait au sérieux la direction et les fonctions. Il distribuait les rôles, assistait aux répétitions, et surtout tranchait du sultan.

S'il avait osé, Richelieu se serait empressé de faire venir la Comédie-Italienne tout entière à Fronsac, pour rendre hommage à madame de Rothe. Mais son pouvoir ne s'étendait pas jusque-là. Il se contenta de faire construire une mignonne et élégante salle de spectacle, par les génies familiers qu'il traînait toujours à sa suite. L'architecte était tout trouvé. C'était Victor Louis, qui fit pour Fronsac une réduction de la salle qu'il venait d'édifier à Bordeaux. Une véritable bonbonnière.

Les décors une fois brossés sur place, les costumes chiffonnés par les plus adroites faiseuses, il ne resta plus à choisir que les pièces, ce qui était la plus accessoire des choses. Le maréchal emprunta cinq ou six artistes de comédie au Grand-Théâtre et son corps de ballet tout entier — son corps de ballet qui jouissait déjà par toute l'Europe d'une brillante réputation. Puis, le jour où la fantaisie le prit de jouer à Fronsac, il donna l'ordre de faire relâche à Bordeaux. C'était une de ses malices ordinaires.

Jusqu'au dernier moment la partie fut tenue secrète; on savait seulement qu'elle devait avoir lieu devant un nombre restreint d'intimes, le dessus du panier de la noblesse bordelaise. Ce fut surtout la présence du corps du ballet qui trahit le génie inventif et les goûts du gouverneur. La représentation devait être suivie d'un souper, et le souper, à son tour, devait être suivi d'un bal avec masque facultatif. Ce ne fut même qu'à cette seule condition du masque que Roberte, pressée par son grand-père, consentit à y assister. Elle était assise à la droite du maréchal, qui avait à sa gauche madame de Rothe.

Le spectacle commença par les *Fausses Infidélités*, une petite pièce du poète provençal Barthe, dont le succès s'est maintenu pendant plus d'un demi-siècle. La Clairville y jouait un rôle de grande coquette. Le maréchal, qui ne l'avait pas revue depuis le 8 avril, voulut passer sur la scène pour la complimenter.

— Ravissante ! dit-il en lui glissant la main sous le menton.

Mais la Clairville fit une moue.

— Monseigneur ne m'a donc pas oubliée tout à fait ? murmura-t-elle.

— T'oublier, toi, mon enfant ? Qui est-ce qui te fait supposer cela ?

— C'est que monseigneur m'avait promis...

— Qu'est-ce que je t'avais promis ?

— Vous le savez bien, monseigneur... De me faire retrouver mes diamants.

— Eh quoi ! s'écria-t-il, cette vieille histoire n'est donc pas terminée ?

— Son Excellence veut rire ! dit la Clairville.

— Non, la peste m'étouffe ! Je croyais que depuis longtemps Lafargue t'avait fait rentrer en possession de tes bijoux.

La Clairville haussa les épaules.

— M. Lafargue s'est d'abord reposé sur un de ses agents qui, pour m'allécher, a commencé par retrouver un de mes colliers...

— Eh bien ! voilà un résultat.

— Oui... mais il s'est arrêté là.

— C'est au moins singulier, fit Richelieu ; comment s'appelle cet agent ?

— M. Sernin, répondit la Clairville.

— Sernin ? répéta le maréchal, qui inscrivit ce nom sur un petit portefeuille brodé en or fin.

Et il ajouta :

— Allons, ma fille, je vois qu'il faut que je m'occupe moi-même de cette affaire... Lafargue n'est qu'un niais, et je crains bien que ton agent ne soit qu'un chevalier d'industrie. Je vais mettre sur-le-champ ma contre-police en jeu.

— Ah ! monseigneur, que vous êtes bon !

— Pour commencer, j'ai besoin qu'on m'envoie un rapport sur ce Sernin.

A ce moment on entendit un grand remue-ménage sur la scène.

C'était l'École de danse qui faisait irruption. On allait exécuter un ballet de Dauberval.

Figurez-vous une trentaine de fillettes plus fraîches et plus rosées les unes que les autres.

Elles s'empressèrent joyeusement à l'aspect de Richelieu et s'écrièrent en battant des mains ;

— Ah! papa Maréchal! papa Maréchal!

C'était son surnom de coulisses.

Elles se suspendirent à ses bras, grimpèrent sur ses genoux, le sollicitant de tirer sa boîte à bonbons, qu'elles eurent bientôt fait de mettre au pillage.

Et les rires et les cris de recommencer de plus belle :

— Papa Maréchal! Vive papa Maréchal!

— Voyons, mesdemoiselles, vous allez incommoder Son Excellence! fit vainement le régisseur.

— Mais non! mais non! répliqua Richelieu en riant; laissez jouer ces petites folles...

Cependant Beck, le chef d'orchestre, fit entendre le signal de l'ouverture.

Richelieu eut beaucoup de peine à regagner sa place, où l'attendait madame de Rothe. Elle l'accueillit par ces paroles, en jouant de l'éventail :

— Fus foilà, maufais zichet! D'u fenez-fu gomme za?

Richelieu lui baisa la main pour toute réponse.

Nous nous abstiendrons de suivre cette fête pas à pas, et de promener le lecteur à travers les joyeux méandres du bal. Le maréchal voulut danser la première contredanse avec madame de Rothe; il fut étonnant et fit montre d'un vigoureux jarret, digne d'un jeune homme.

A la dernière figure, comme il « tombait en position, » il se trouva soudainement vis-à-vis du duc de Fronsac, qui venait d'arriver.

L'ébahissement de celui-ci fut complet.

Après avoir joui en silence pendant quelque temps de sa stupéfaction, le maréchal lui adressa cette question d'un ton sardonique :

— Eh bien! monsieur, qu'en dites-vous?

— Ma foi, mon père, je crois rêver.

— En feriez-vous autant?

— J'en doute, murmura Fronsac.

— Et cependant, vous n'avez guère que quarante-cinq ans.

— Quarante-quatre, répliqua-t-il vivement.

— Soit.

Et le maréchal s'arrêta à le regarder avec une indicible expression de moquerie.

— Par la sambleu! reprit-il, le moment est venu de vous apprendre une nouvelle qui vous touche particulièrement.

— Moi, monsieur le maréchal?

— Vous-même, monsieur le duc.

— Parlez, je vous prie.

— Apprenez donc, dit lentement Richelieu, en calculant l'effet de ses paroles, apprenez donc... que je me remarie.

Fronsac demeura bouche béante. Il crut avoir mal entendu.

— Vous vous remariez?... balbutia-t-il; pour la troisième fois?... Est-ce possible?

— Très possible... Voilà madame de Rothe qui peut vous l'affirmer, dit Richelieu en désignant la jolie chanoinesse, restée souriante à côté de lui.

— Madame de Rothe ?...

Les regards de Fronsac allèrent comme hébétés de celle-ci au maréchal.

— C'est une plaisanterie ? murmura-t-il.

— Une plaisanterie qui ne peut tourner qu'à mon bonheur, dit Richelieu... Et si, comme j'en ai le pressentiment, le ciel veut bien m'envoyer un nouveau rejeton...

Ici, madame de Rothe rougit sous l'éventail.

— Je le mettrai dans l'Eglise... vous savez, Fronsac, que cela a toujours porté bonheur à notre famille..

Richelieu reçut un matin le rapport que voici :

« *Note pour Son Excellence le maréchal duc de Richelieu, gouverneur de la Guienne.*

» Sernin (Jean-Jantet), né à Caudrot, âgé de vingt-six ans, sans profession, né de parents cultivateurs et pauvres.

» Taille ordinaire, figure agréable.

» Bouche moyenne, dents blanches.

» Petits pieds, petites mains.

» Iintelligence active; a reçu un commencement d'éducation chez un curé de village.

» A douze ans, a été embarqué mousse à bord de la *Cérès*.

» De retour en France, a suivi une troupe de saltimbanques.

» On le retrouve à la tête d'une bande de petits vauriens; est condamné plusieurs fois, pour vol, à la prison.

» Il est embauché par la police de Bordeaux; il entre dans la brigade de M. Dutasta, où il se fait remarquer par quelques captures importantes.

» Au bout de quelque temps, la femme du directeur, madame Lafargue, demande son renvoi, pour un motif resté inconnu.

. . . .

» Sernin recueille chez lui une jeune bouquetière des rues connue sous le nom de Roberte... »

A ce nom, le maréchal de Richelieu interrompit sa lecture.

— Roberte ! s'écria-t-il ; ma petite-fille !... une telle liaison avec ce bandit, cet aventurier !..... Il n'y a pas à douter : Roberte, la bouquetière des rues..... le rapport est précis... quelle honte !

Et il rougit comme il n'avait jamais rougi de sa vie, lui, l'altier gentilhomme, le duc et pair, le *second du royaume,* comme il se plaisait à se nommer lui-même.

Il cacha sa tête entre ses mains.

— Heureusement que je ne l'ai présentée que sous le masque... et à peu de personnes, murmura-t-il ; quel parti prendre ?.....

Dans le commencement, le maréchal avait pensé, non pas à la reconnaître publiquement, — cela aurait compromis la mémoire de la comtesse d'Egmont,—mais à l'adopter, ce qui tranchait tout.

Avec un semblable passé, cela n'était plus possible.

Ayant jugé ainsi, il froissa le rapport et le jeta par terre. Puis, il s'abîma dans une longue méditation.

— Hélas ! pensa-t-il, s'il doit y avoir un châtiment pour tout le monde, n'est-ce pas le mien qui commence ? Suis-je donc encore une fois frappé dans ma paternité ? Et moi qui croyais que mon bonheur allait recommencer, et que cette Roberte allait me rendre ma Septimanie !

Et il sonna pour qu'on fît prier mademoiselle Roberte de passer chez lui.

Quimont crut devoir convenable de charger madame Rousse de cette commission.

Après un temps assez long, ce fut madame Rousse qui se présenta chez le maréchal.

Son visage trahissait un trouble évident.

— Monseigneur... balbutia-t-elle.

— Qu'avez-vous, madame Rousse ?

— Votre Excellence ne va pas manquer d'être étonnée de ce que je vais lui apprendre...

— Voyons, madame Rousse.

— Les domestiques ont cherché dans toute la maison et dans tous les jardins...

— Eh bien !

— On n'a pas trouvé mademoiselle Roberte.

— Est-ce possible? s'écria Richelieu.

— Vous pensez, monseigneur, si j'ai envoyé tous vos gens à sa poursuite et si j'ai visité ses promenades favorites jusque dans leurs moindres recoins.

— C'est incompréhensible!

Et le maréchal voulut se mettre lui-même en campagne, pendant qu'il envoyait la police de Libourne dans toutes les directions.

Il nous reste à faire connaître au lecteur les événements qui avaient préparé et motivé cette extraordinaire absence.

XIX

LA GROTTE DE MINORQUE

Un des jours qui suivirent la petite fête de Fronsac-le-Tertre, Roberte trouva, en rentrant dans sa chambre, une lettre à son adresse.

Quoique sans signature, elle n'eut point de peine à reconnaître l'écriture de Sernin.

Voici ce qu'elle lut :

« Roberte, ne cherchez pas à savoir comment j'ai appris votre retraite ni par quels moyens je suis parvenu à gagner une des femmes de chambre de madame Rousse, celle qui déposera cette lettre chez vous.

» Vous devez comprendre que je veux absolument vous voir et vous parler.

» Trouvez-vous demain, à minuit, à l'extrémité du Jardin anglais, à l'entrée de la *Grotte de Minorque.* »

Roberte ne songea pas un seul instant à se refuser à aller à ce rendez-vous ; elle était habituée à céder aux volontés de Sernin. Elle comprit qu'il ne pouvait guère se rencontrer avec elle que dans l'ombre ; mais elle était loin de prévoir la scène épouvantable qui l'attendait.

En se trouvant face à face avec elle, Sernin entama la conversation avec un accent de colère mal dissimulée. On sait qu'il la croyait coupable ou tout au moins complice du vol des diamants de la Clairville ; et cependant tout se révoltait en lui à cette idée.

A demi-voix, il l'apostropha ainsi :

— Roberte, vous vous souvenez de cette soirée du 8 avril, où je revins si tard de la cérémonie d'ouverture du Grand-Théâtre?

— Comment ne m'en souviendrais-je pas? dit-elle ; vous étiez pâle... pâle... vous aviez les vêtements en désordre, tout déchirés... Je m'en souviens comme si c'était aujourd'hui... Vous répondîtes à peine à mes questions, et vous vous enfermâtes dans votre chambre. Pourquoi faire ? Je ne l'ai jamais su.

— Vraiment, Roberte, vous ne l'avez jamais su ? fit Sernin d'un air soupçonneux.

— Non, en vérité.

Sernin crut devoir entrer dans les explications que voici :

— J'avais quelques objets précieux que je désirais dérober aux regards. Ces objets, je passai une partie de la nuit à les cacher dans ma chambre, particulièrement au plafond. De cela, vous devez aussi vous en souvenir ?

— Sernin, je ne me souviens que de ce que j'ai vu. Or, je n'ai pas vu ces objets précieux. Et d'abord, quels étaient-ils ?

— Rappelez-vous, Roberte. Le lendemain de cette nuit, au matin, lorsque je fus réveillé par Dutasta, ne vîtes-vous par luire à terre un bijou ?

— En effet, un collier...

— Précisément, dit Sernin. Mais ce bijou n'était pas le seul que j'avais apporté. J'en avais encore sur moi pour une somme énorme... considérable... pour trois ou quatre cent mille francs environ...

— Miséricorde ! s'écria Roberte.

— Votre étonnement est-il bien sincère ? demanda-t-il en la regardant fixement.

— Que voulez-vous dire ?

— Ce que je veux dire ? murmura-t-il ; ce que je veux dire... c'est que ces bijoux ont disparu !

— Eh bien !

Cet *eh bien* ? fut prononcé par Roberte avec une inexprimable candeur.

Sernin saisit violemment la jeune fille par les deux mains.

— Vous savez ce qu'ils sont devenus !

— Moi ! s'écria-t-elle les yeux effroyablement dilatés.

— Qui peut le savoir, sinon vous ou moi ?

— Vous êtes fou !

Quelle scène que celle qui se jouait ainsi dans cette nuit épaisse, sous ces grands ombrages frissonnants ! Elle, effarée et pâle, ployée sous une accusation odieuse ; lui, rude et menaçant, c'était là un spectacle à la fois étrange et violent !

Et dans ce duo ténébreux qui montait peu

à peu au ton de l'invective, on devinait les larmes brûlantes baignant les joues de Roberte.

Elle murmurait par phrases saccadées :

— Oh ! Sernin, savez-vous que c'est indigne ce que vous me dites là ? Il est impossible que vous puissiez penser ces choses.

Mais Sernin :

— Tout est contre vous, Roberte : tout vous accable. Avouez.

— Encore une fois, je ne sais rien, Sernin ; je n'ai rien à avouer. Cessez de tourmenter une malheureuse fille !

— Oh ! cria-t-il, aveuglé par la colère...

Presque aussitôt, il prit peur et crut avoir entendu un bruit de pas. Escalader la muraille, comme il avait fait à son arrivée, fut pour lui l'affaire d'une minute.

— Malheur à vous, Roberte, si vous m'avez menti ! dit-il en s'enfuyant ; malheur !

Demeurée seule, Roberte prêta l'oreille un instant et n'entendit rien. Chancelante, elle reprit le chemin de la villa. A mesure qu'elle s'en approchait, elle se sentait gagner par une vague inquiétude. Sur le point de toucher au seuil, un froid glacial lui serra le cœur : la porte qu'elle avait laissée ouverte était fermée à présent.

Le saisissement l'immobilisa. Que faire ? que devenir ? Avait-elle été espionnée par quelqu'un de la maison ? Fallait-il appeler, mais appeler c'était ouvrir le champ aux interprétations les plus diverses et les plus folles. Sans savoir à quel sentiment elle obéissait, elle revint sur ses pas, lentement cette fois, comme égarée, et elle l'était, en effet ; elle ne reconnaissait plus sa route ; il est vrai de dire qu'elle ne la cherchait pas non plus.

Devant, derrière, autour d'elle, sur sa tête, les ombres allaient, s'épaississant de plus en plus. Pas d'étoiles au ciel. Du noir rien que du noir.

Il y eut un moment où, brisée par tant d'émotions, Roberte se laissa tomber sur un banc de pierre. Là, elle récapitula silencieucieusement les événements dont elle avait été la victime depuis quelques jours, événements incroyables, mystérieux, funestes. Flétrie par d'infâmes soupçons, son avenir était brisé à jamais. Et c'était justement à l'heure où la fortune avait semblé s'adoucir à son égard, où la Providence lui envoyait un aïeul à elle, l'orpheline, l'enfant abandonnée !

Maintenant, elle n'avait plus rien des autres jeunes filles ; elle ne pouvait plus prétendre comme elles au moindre lambeau de considération, leur première ou leur dernière ressource !

Roberte en était là de ses réflexions désespérées lorsque, ses yeux s'accoutumant aux ténèbres, elle finit par distinguer une morne flaque d'eau, non loin de la grotte de Minorque. Elle la contempla longtemps avec une fixité farouche ; puis, elle se leva et se dirigea lentement vers cette triste clarté. Une mauvaise idée lui était venue : la vie lui ayant été trop cruelle, elle se décida à quitter la vie. Elle n'eut pas besoin pour cela d'un grand effort de courage ; elle s'approcha résolument, comme du pas d'une somnambule, de l'étang immobile, qui semblait avoir un air de défi. Peu à peu ses souliers se sentirent atteints et mouillés par l'eau. Elle n'y prit pas garde et n'hésita pas une minute.

Une vague prière errait sur ses lèvres. Elle avançait de plus en plus. Enfin, elle s'affaissa sur elle-même et poussa un grand *Ah mon Dieu!* puis elle disparut, ne laissant que quelques ronds sur l'eau.

XX

PRIEZ POUR ELLE!

L'enterrement de Roberte eut lieu avec la plus grande simplicité. Personne n'avait été prévenu. Ce n'était pas la première fois qu'une jeune fille avait disparu de la villa de Fronsac et qu'on n'en avait plus entendu parler.

Seul au bras du président de Gasc, le maréchal de Richelieu suivait, consterné et muet. Madame Rousse venait à quelque distance, accompagnée de plusieurs femmes de service qui s'étaient trouvées en contact avec Roberte pendant son séjour au château. C'était tout. En voyant passer ce convoi de village, qui aurait dit que c'étaient là les obsèques de la petite-fille d'un maréchal de France ?

Une simple messe fut célébrée dans l'humble église de Fronsac, qu'une main ignorée était venue de grand matin parer de fleurs. Pendant tout le temps du service, un inconnu était resté caché dans l'ombre d'un pilier, étouffant ses pleurs. Nul ne l'avait vu dans le pays. Le maréchal, dont il avait attiré l'attention, se proposait de prendre des renseignements sur son compte, mais, après la pieuse cérémonie, il avait disparu presque subitement.

Une pierre placée dans un coin du cimetière de Fronsac, avec un nom gravée dessus, fut le seul souvenir qui devait rester de la pauvre Roberte.

Une semaine, puis deux s'écoulèrent. Le maréchal de Richelieu ne semblait plus vouloir quitter sa villa malgré les tristes souvenirs qu'elle lui rappelait. C'était la première fois que la douleur l'éprouvait si fortement. Deux puissantes affections avaient jusqu'à présent dominé son existence : c'était la comtesse d'Egmont, et c'était la fille de la comtesse d'Egmont ; c'était Roberte, et c'était Septimanie. Ces deux affections, les plus grandes de sa vie, étaient devenues les deux plus grandes douleurs. Elles avaient tué le vieillard et anéanti le libertin. Il paraissait avoir gagné quelques rides de plus, lui qui en avait tant ! On eût dit qu'il avait renoncé au monde et à tous les plaisirs qu'il entraîne. Son unique distraction, — si cela peut s'appeler ainsi, — se bornait à une promenade quotidienne dans son parc, du côté de la pièce d'eau qui évoquait à ses yeux une si effrayante catastrophe.

De son mariage avec madame de Rothe il n'était plus question ; les préparatifs en avaient été interrompus depuis la fête champêtre.

Un matin que le maréchal était occupé à travailler dans son cabinet, ses jardiniers lui amenèrent un homme qui avait été surpris au moment où il escaladait le mur du jardin vis-à-vis la *Grotte de Minorque*. Depuis plusieurs jours on le guettait ; il avait été vu rôdant çà et là. Interrogé par les domestiques, auxquels il avait commencé par opposer une assez vive résistance, il avait répliqué qu'il ne voulait répondre qu'à M. le maréchal, devant lequel il demandait à être conduit.

Richelieu ne leva d'abord sur lui qu'un regard indifférent ; il s'attendait à n'avoir affaire qu'à un simple vagabond, à un vulgaire malfaiteur.

Mais après un rapide examen, il crut s'apercevoir que les traits de cet individu ne lui étaient pas étrangers.

— Je vous connais, lui dit-il.

— Non, monseigneur, vous ne me connaissez pas.

— Alors je vous ai vu quelque part ?

— Oui, monseigneur, vous m'avez vu, en effet... il y a quelques jours...

— J'en étais sûr.

— A l'enterrement de votre fille.

Le maréchal fit un geste de surprise.

— De ma fille ! s'écria-t-il ; comment avez-vous pu savoir ?...

— Par Roberte qui m'avait tout appris.

— Roberte !

Et Richelieu dit, après un silence :

— Attendez donc... vous êtes monsieur Sernin !

— Oui, monseigneur.

— Misérable !

A cette exclamation sortie spontanément du cœur d'un père, Sernin n'avait pu s'empêcher de baisser la tête.

Se rappelant la fin lamentable de la jeune fille, il se considérait justement comme son bourreau.

Le maréchal le regardait avec des yeux étincelants de colère qui semblaient lire son crime écrit sur son front.

— Ainsi, monsieur, vos deux destinées étaient unies?

— Le malheur nous avait liés tous deux, oui...

— Ma petite fille ! tombée si bas !

Et les yeux du maréchal s'humectaient.

Sernin contemplait avec compassion ce vieillard dont la douleur le disputait à l'orgueil.

Après quelques instants de réflexions, Richelieu se souvint que l'homme qu'il avait

14.

sous les yeux venait d'être arrêté dans son jardin.

— Qu'y faisiez-vous à ce moment-là, lui demanda-t-il.

— Hélas! monseigneur, répondit Sernin avec un accent des plus sincères, je venais revoir l'endroit où mon dernier entretien avec elle avait eu lieu.

— Ah! c'était là?...

Et le maréchal, cherchant à lire dans sa pensée :

— Elle vous aimait donc bien?...

Sernin ne répondit pas.

Ses remords se réveillaient plus aigus, plus déchirants...

Le maréchal y comprit ce qu'il voulut.

Il allait le congédier, lorsqu'une idée lui revint en mémoire.

— Restez encore, lui dit-il.

La physionomie du maréchal avait changé tout à coup.

— Clairville m'a parlé de vous.

A ce nom, Sernin resta cloué sur place.

Le maréchal reprit :

— Que lui avez-vous donc promis... de lui retrouver ses diamants?

— Monseigneur, je crois avoir trouvé une piste.

— Êtes-vous sûr de ne pas vous êtes trop hasardé ?...

— Monseigneur, je vous assure...

— Prenez garde ! on trompe difficilement un vieux renard comme moi.

Son œil retrouvait quelque chose de son ancienne malice.

— Eh ! eh ! la Clairville est une belle fille, dit-il, en regardant Sernin d'une certaine façon.

— Je vous assure, monseigneur.

— Et à laquelle je porte beaucoup d'intérêt. Ne la leurrez pas, employez-vous loyalement pour elle, vous n'aurez pas à vous en repentir.

— Oh ! monsieur le gouverneur !

— Enfin, réussissez... et je vous place auprès de moi.

Sernin s'était un peu aventuré en promettant au maréchal de recouvrer les bijoux de la

Clairville. Il n'avait que des soupçons sur son voleur, et ces soupçons se concentraient tous sur Loupiac. Lui seul connaissait son logement de la petite place Saint-Rémy, lui et Dutasta, mais Dutasta n'était pas à redouter, frappé qu'il était de la cécité particulière aux gens de police. Il s'agissait donc de mettre la main sur Loupiac, de quelques précautions qu'il s'environnât depuis son récent coup de main.

Un matin donc, Sernin se mit en campagne et prit la route du port qui conduisait au cabaret du *Repos des Navigateurs*, où nous avons déjà conduit nos lecteurs au commencement de ce récit. La piquante cabaretière trônait comme d'habitude à son comptoir ; autour d'elle, plusieurs habitués, assis à de petites tables, buvaient et jouaient aux cartes.

— Salut à la belle madame Peyrecave! s'écria Sernin en entrant.

Celle-ci tressaillit et ne reconnut pas le nouveau venu, ou du moins elle feignit de ne pas le reconnaître.

— Pardon, monsieur, murmura-t-elle; il ne me semble pas vous reconnaître...

— Cherchez bien, dit Sernin en souriant, et je suis sûr que vous trouverez.

— Je vous assure...

— Eh ! quoi, vous ne remettez pas l'ami d'un de vos amis... du baron de Loupiac...

La cabaretière s'empressa de répondre :

— Excusez-moi... M. Loupiac n'est pas ici en ce moment... Je ne crois même pas qu'il soit à Bordeaux.

La précipitation avec laquelle ces mots furent prononcés firent comprendre à Sernin qu'il y avait une consigne donnée.

— Je vous remercie, madame, mais je vous ferai observer que je ne m'étais pas informé de mon ami Loupiac.

Madame Peyrecave rougit, et elle allait balbutier quelques paroles lorsqu'un des buveurs, interrompant sa partie de piquet, dit en se tournant vers Sernin :

— C'est Loupiac que vous cherchez, monsieur ?... Vous le trouverez sûrement rue de la Fusterie, au café du numéro 14.

— Merci, monsieur, répondit Sernin.

La cabaretière avait blêmi de fureur. Elle dit au joueur en serrant les dents :

— Je crois que vous vous trompez, monsieur Sieurac.

— Je me trompe si peu que je m'engage à conduire monsieur auprès de lui, répondit l'interpellé.

— Rien ne presse, dit Sernin, en jouissant de la colère intérieure de madame Peyrecave.

Cette colère fut poussée si loin, que la cabaretière se dirigea vers la porte d'entrée et l'ouvrit comme pour prendre le frais. Elle y fut rejointe par Sernin, qui crut devoir lui fournir quelques explications.

— Soyez tranquille, madame, je n'irai point à l'adresse indiquée. Il se peut que Loupiac ait quelques motifs de m'éviter ; cependant, je ne le crois pas. Dans tous les cas, je vous prierai de lui dire de ma part...

— Je ne lui dirai rien, car je ne le verrai pas, répondit sèchement madame Peyrecave.

— Vous le verrez, et vous lui direz que Jean l'attend demain ici, à la même heure.

— Quel Jean ? demanda-t-elle, confondue d'une telle assurance.

— Jean de la Réole.

La cabaretière frissonna à ce nom, qui était aussi répandu dans la Guienne que celui de Robert le Diable dans la Normandie.

— Et si M. Loupiac, dit-elle, refuse de se rendre à ce rendez-vous, ce qui n'a rien que de très possible ?

— Il ne s'y refusera pas... Pour cela, vous n'aurez qu'à ajouter qu'il s'agit d'une superbe opération de diamants.

Madame Peyrecave pâlit visiblement.

Sernin continua :

— Je ne suis que le représentant d'un riche fabricant en joaillerie qui a été ébloui non seulement de vos beaux yeux... mais encore des feux que lancent ces bagues à vos jolis doigts.

Le premier mouvement de madame Peyrecave fut de dissimuler ses mains...

Sernin salua profondément l'hôtelière du « *Repos des Navigateurs* », et reprit le chemin par où il était venu.

Lorsque Loupiac rentra le soir chez la

brune cabaretière, où il avait élu domicile depuis quelque temps, il fut accueilli par une averse de reproches et de récriminations.

— Eh bien ! lui dit-elle en posant ses poings sur les hanches, il est venu !

— Qui, lui ?

— Lui, Jean,.. celui que je craignais tant... votre sinistre professeur.

— Ah ! murmura Loupiac d'un air sombre ; cela debait finir ainsi... Et qu'est-ce qu'il a dit, Jean de la Réole ?

— Il a demandé à vous voir, parbleu !

— Ne lui abez-bous pas répondu ce dont nous étions conbenu, c'est-à-dire que j'étais en boyage ?

— Si fait, mais il ne l'a pas cru.

— Eh vien ! ce qui n'était pas brai hier peut l'être demain. Je partirai demain, dit Loupiac.

— Demain il sera peut-être trop tard.

— Que boulez-bous dire, Gavrielle ?

— Jean m'a donné à entendre que je m'étais compromise.

— Comment cela ?

— Mes bagues sont la première chose qui lui a sauté aux yeux.

— Enfer !... Je bous abais pourtant bien recommandé de les tenir cachées.

— Ah ! je suis perdue ! s'écria madame Peyrecave.

— Par votre faute ! répondit-il.

— Vous avez été mon mauvais génie, dit-elle en sanglotant.

En parlant ainsi, elle avait le droit de l'accabler et de le considérer comme l'auteur de sa perte. Il n'était cependant ni beau ni spirituel ; il l'avait séduite comme on séduit toutes ses pareilles, par de l'or et par des bijoux. Gaie et aimable femme, devait-elle se douter qu'elle finirait un jour par devenir une recéleuse ? Et maintenant quel allait être son avenir ? La prison, sans doute.

Loupiac la regardait d'un œil scrutateur.

— Tout n'est peut-être pas désespéré, lui dit-il.

— Croyez-vous ?

— La bie est diberse...

Et réfléchissant :

— Gavrielle ! lui dit-il.

— Loupiac ?

— Êtes-vous femme à fuir, à quitter Vordeaux ?

— Pourquoi pas ?... Mais Jean de la Réole...

— Eh vien ! Jean de la Réole ?

— Il est capable de courir après nous.

— Oui, s'il nous sait chargé de notre vutin.

L'avide cabaretière eut un mouvement.

— Vous voulez donc l'emporter, votre butin ? dit-elle.

— Et bous ?

— Moi, je suis femme !

A ce beau mot, Loupiac, qu'on aurait pu croire agité de tristes pensées, partit d'un bruyant éclat de rire.

— Faisons donc nos préparatifs de départ, s'écria-t-il.

— Volontiers, répliqua-t-elle.

— Je vous laisse le choix du voyage par terre ou par eau.

— Non, non, choisissez vous-même.

— Alors, lisez ce journal, à la page que voici :

Gabrielle lut :

EN PARTANCE POUR AMSTERDAM
La goëlette la *Tulipe noire*
D'ici au 30 de ce mois.

« S'adresser à M. Ansas, courtier maritime, rue du Couvent, 5, et chez M. le Consul de Hollande, cours de Tourny. »

— Allons, en route pour la *Tulipe noire*, s'écria Loupiac.

— Prenons garde ! dit madame Peyrecave, rendue méfiante, car Loupiac lui avait tout confié, autant par le besoin de confidence qui saisit tout misérable que par la nécessité d'un complice.

La belle cabaretière l'avait aidé à cacher les diamants, et pour cela elle lui avait prêté sa cave, ce qui explique les fréquentes visites que Loupiac y faisait dans un double motif.

A présent, il fallait s'attendre à ce que Sernin vînt redemander son « dépôt » à Loupiac. Ce fut dans cette attente pleine d'angoisse que celui-ci passa la nuit entière.

Au matin, Loupiac avait son plan combiné et son visage composé.

A l'heure convenue, Jean de la Réole se présentait de nouveau au *Repos des Navigateurs;* il y rencontrait cette fois Loupiac, qui lui sautait au cou en l'apercevant.

— Cadédis ! qué jé suis aise dé té boir !

— Mordious ! mon plaisir est égal au tien !

— Mon cher Jean !

— Mon cher Loupiac !

— Madame Peyrecave m'a annoncé ton arrivée. Asseyons-nous.

— Volontiers.

— Et trinquons !

— Trinquons comme autrefois !

— Comme toujours !

La bouteille d'usage apportée, les deux amis s'attablèrent, et causèrent tout en s'observant.

— Excuse-moi, Loupiac, de n'être pas venu plus tôt chercher de tes nouvelles... j'étais en voyage.

— Et moi aussi.

— Comme cela se trouve !

— J'étais dans le Bas-Médoc.

— Et moi dans le Haut-Médoc. J'abais été

déguster uné partie dé bins pour lé compte de madame Peyrécavé.

— A ta santé !

— A la tienne !

Le moment était venu de commencer les hostilités.

Jean ouvrit le feu.

— Ainsi, tu n'es pas venu me voir place Saint-Rémy ?

— Non.

— Non ?

— Non, répondit Loupiac ; cela ne m'a pas été possivle.

— C'est singulier ! murmura Jean de la Réole ; on m'avait dit... j'aurais cru...

— On t'a trompé. Je n'ai pas mis les pieds chez toi depuis quinze jours.

— Bien vrai ?

— Vien brai !

— Ainsi, j'y rentrerais aujourd'hui que j'y retrouverais tout en place ?

— Je l'espère, dit jésuitiquement Loupiac, sans s'engager davantage.

— Tout ?... répéta Sernin.

Et après quelque hésitation :

— Même mes diamants ?

— Tes diamants ! s'écria Loupiac avec une candeur admirablement jouée, qu'est-ce que tu chantes-là ? Tu abais des diamants, toi ?

— Moi-même.

— De brais diamants ?

— Assurément, Loupiac. Mais, en vérité, tu le sais aussi bien que moi. Abrégeons. J'y suis rentré aujourd'hui, chez moi.

— Eh bien ?

— Eh bien ! mes diamants m'ont été volés...

— Tu vadines ? dit Loupiac, employant une locution bordelaise entre toutes.

— Et volés par toi !

Loupiac bondit à ce mot.

Puis un regard terrible fut échangé entre ces deux hommes.

— Tu parles sérieusement, Jean ?

— Sérieusement, Loupiac.

Jean se leva et fit quelques pas en long et en large dans le cabaret.

— Je comprends que ce coup t'ait tenté, dit Jean, un vrai coup d'amateur.

— Cesse ce jeu.

Après l'avoir regardé en silence pendant quelques minutes :

— Ainsi, tu nies toujours? dit Jean.

— Toujours.

— Voyons, Loupiac... décidément ?

Et il ajouta :

— Loupiac, ta femme est du complot ; je la ferai parler...

— En es-tu sûr? dit Loupiac dont le front se plissa.

— Je la ferai parler ou disparaître.

A un moment donné, on vit briller comme un éclair d'acier aux mains de Loupiac.

— Oh! çà? dit Jean avec un sourire méprisant.

— Si c'est le seul moyen?

— Je te croyais un garçon d'esprit.

— J'ai mes jours, répondit Loupiac devenu sombre...

— Eh bien ! puisque tu me dis ce que tu serais homme à faire, je vais te dire à mon tour ce que je ferai, moi, car ne compte pas que je renonce à mon trésor et que je me condamne à l'inaction. A partir d'aujourd'hui, je vais te dénoncer à la bande de Jean de la

Réole, comme ayant volé l'argent commun, l'argent de tous, l'argent qui est sacré. Réfléchis-y bien, Loupiac. Ce n'est pas peu de chose d'être mis à l'index de la bande à Jean de la Réole; c'est une inquisition autrement sérieuse que l'autre. Ne crois pas y échapper. Tu as eu tort d'entreprendre une lutte où tu es seul et où tu succomberas fatalement. Le ciel m'est témoin que je t'ai prié, adjuré, supplié. Prends garde, Loupiac. Une fois sous la surveillance de la bande dont tu as fait partie, tu vas être *filé* du matin au soir, depuis le moment de ton réveil jusqu'à l'heure de ton coucher. La bande à Jean de la Réole aura pour auxiliaire la police municipale et la police du gouvernement, avec moi pour chef. Au cas où ta résistance se prolongerait, on peut te séquestrer dès demain et te prendre par la famine. Loupiac, ce verre de vin est probablement le dernier que nous échangions ensemble. Nous allons suivre deux voies opposées. Ennemis désormais! J'aurais pu commencer aujourd'hui le combat; j'ai ton mandat d'amener en poche, et six hommes à la porte. Mais je veux te laisser jusqu'à demain le temps de la réflexion. Tu es averti, ta femme aussi,—qui nous écoute derrière cette porte.

A présent, Loupiac, adieu.

XXI

DÉPART

Stupeur bien justifiée du couple Loupiac-Peyrecave!

Que devaient-ils faire?

Devaient-ils renoncer aux quatre cent mille livres qui étincelaient au fond de leur cave ?

Loupiac aurait été tenté de dire oui, devant les menaces de Jean de la Réole, — mais madame Peyrecave disait non et prétendait risquer le tout pour tout.

L'important était de transporter de la cave à bord de la goëlette les tonnelets remplis de bijoux et jouant les fûts d'alcool, subterfuge renouvelé des *Mille et une Nuits*.

Ce transport ne pouvait s'effectuer que la nuit, au moyen d'un canot discret, monté par des hommes fidèles.

Il n'y avait pas de temps à perdre, car il était probable que Jean de la Réole, piqué au jeu, allait déployer toutes les ressources de son esprit. Déjà même Loupiac se sentait considérablement gêné par les agissements publics ou secrets des agents mis à ses trousses. Comme Jean le lui avait promis, ses émissaires ne le perdaient pas de vue un seul instant, et il ne pouvait faire un pas sans les sentir à côté de lui.

On attendit donc et l'on choisit une nuit bien ténébreuse, imprégnée d'un de ces brouillards épais à couper au couteau. Tout avait été habilement préparé; les passeports avaient été pris pour Amsterdam, sous deux faux noms.

Donc, après minuit, l'évasion des deux complices fut résolue, à l'heure où, le long des quais, les surveillants et les gens de douane cèdent au sommeil, blottis dans leurs capotes d'uniformes.

C'était un spectacle fantastique que de voir cette embarcation filer comme une flèche sombre à travers cette forêt de vaisseaux immobiles. On n'entendait pas le bruit des rameurs. A l'arrière, Loupiac tenait la belle cabaretière enveloppée dans un vaste manteau. Ils n'échangeaient aucune parole. On eût dit des ombres ne trahissant leur existence que par des mouvements confus et se dirigeant vers un pays invisible.

On toucha à la goëlette où personne ne semblait veiller, et où cependant il se trouva du monde pour recevoir la riche et mystérieuse cargaison soigneusement dissimulée.

On était au petit jour quand la *Tulipe Noire* appareilla.

Les deux fugitifs avaient passé le reste de la nuit la tête de l'un sur l'épaule de l'autre, — en proie à une inquiétude qui allait s'évanouissant à mesure qu'ils s'éloignaient de Bordeaux.

Le soleil qui se leva sur les larges eaux de la Garonne dissipa les dernières transes qu'ils pouvaient éprouver. Maintenant il leur paraissait impossible d'être poursuivis. Et cependant ils tressaillaient et se cachaient comme malgré eux. Involontairement, lorsqu'on passa près du phare de Cordouan, ils se réfugièrent dans l'intérieur du navire, comme s'ils craignaient d'être reconnus à distance.

Dès ce moment, le voyage se fit le plus heureusement du monde. Avec la sécurité, le repos était revenu ; et, avec le repos berceur les beaux projets d'avenir, les rêves irisés et flottants. Certains d'être inconnus, ils allaient pouvoir se défaire impunément de leurs bijoux, — la Hollande n'était-elle pas le pays par excellence des riches vendeurs israélites, des brocanteurs à bonnets fourrés, des alchimistes, des marchands à la mode de de Rembrandt, des orfèvres brodés d'or sur toutes les coutures ?

Pendant qu'ils voguaient ainsi vers la Venise du Nord, que se passait-il à Bordeaux après le départ de la *Tulipe Noire ?* Jean de la Réole avait été frappé comme d'un coup de foudre de la double disparition de Loupiac et de madame Peyrecave. L'humiliation qu'il en ressentit fut cruelle et profonde ; son prestige allait s'en trouver sensiblement amoindri. Et toute la bande à Jean de la Réole qu'il avait inutilement dérangée, et qu'il fallait renvoyer à présent ! Et ce Loupiac qu'il avait calomnié ! Fanfaronnade ! Mensonge !—Comment Sernin allait-il oser se représenter devant le maréchal de Richelieu ? Pourrait-il jamais sortir d'un pareil imbroglio ?

Jean ne renonça pas cependant à la découverte de la vérité. Il erra sur plusieurs voies qui retinrent trop longtemps son attention ; il aurait mieux fait de consulter les registres de la navigation, ce dont il s'avisa trop tard. Il y aurait appris la date du départ de la *Tulipe Noire* pour Amsterdam, emportant à son bord deux passagers inscrits sous les noms de « *M. et madame Giraud* ».

Enfin, un des premiers jours de mai 1780, la goëlette la *Tulipe Noire* fit son entrée dans le port d'Amsterdam. La matinée s'annonçait comme une des plus belles du printemps. Au moment où M. et madame Giraud, gais et souriants, mettaient le pied sur la terre hollandaise, ils virent se dresser devant eux un jeune homme qui semblait les attendre depuis quelque temps avec impatience.

C'était Jean de la Réole.

ÉPILOGUE

La *Tulipe Noire* dut restituer son précieux butin.

Muni de tous les pouvoirs de la comédienne dépossédée, et assurée de la protection de toutes les autorités étrangères, le sieur Sernin conduisit à bien cette opération difficile, pour laquelle il eut besoin d'environ trois semaines.

Si habile négociateur qu'il se montrât, il ne lui en fallut pas moins pactiser avec Loupiac, qui menaçait de dévoiler aux magistrats la personnalité équivoque de l'agent de la Clairville et du gouverneur de la Guienne, agent dont les antécédents judiciaires lui étaient connus. Sernin dut donc abandonner une part du trésor de la Clairville. A quoi, de son côté, eût servi à Loupiac de dénoncer son ancien complice? Largement désintéressé, le couple Loupiac-Peyrecave eut donc de quoi s'en retourner sur le sol bordelais où il avait laissé le meilleur de ses souvenirs amoureux et de ses crus médocquins. Tous les deux vécurent heureux et très vieux, ce qui leur permit d'assister à la prospérité de plus en plus croissante du *Repos des Navigateurs.*

Le maréchal de Richelieu tint parole à Sernin en le prenant comme secrétaire particulier, — et surtout très particulier, — pendant tout le temps qu'il resta gouverneur de la province de Guienne. Pauvre gouverneur! Bordeaux ne fit pas trop d'efforts pour le retenir; Bordeaux était las de son vice-roi. Et lui sentit qu'il avait fait son temps et qu'il devait retourner à Paris, — pour y reprendre ses fonctions de premier gentilhomme de la chambre du roi et de surintendant de la Comédie-Italienne. La Comédie-Italienne lui tenait principalement à cœur,

Mais, une fois à Paris, on le trouva décidément vieilli, usé, fané; — rien n'y fit plus, ni le musc, ni l'opium. Son procès avec madame de Saint-Vincent acheva de le perdre de réputation.

Dans un de ses voyages à Paris, il se rencontra avec Voltaire, mais il n'y eut qu'un seul triomphateur. Et cependant Voltaire lui avait écrit ce billet suprêmement ridicule : « Je vous attends avec l'inquiétude d'un vieillard qui n'a pas un moment à perdre, et l'impatience d'une jeune fille pressée d'embrasser son amant. »

Il y avait non seulement entre ces deux squelettes ambulants un échange de mamours, mais encore le grand seigneur envoyait au poète un mélange de ses drogues et de ses opiats. On a même prétendu que c'était une dose beaucoup trop forte de ses marmelades qui avait accéléré la mort de l'auteur d'*Irène*. « Ah! mon cher docteur! criait Voltaire dans les bras de Tronchin, faites-moi vivre, je vous en prie, faites-moi vivre ! »

Et le maréchal de Richelieu, écoutant ce récit de la bouche du même médecin, disait en lui frappant sur l'épaule : « Soyez tranquille, ami Tronchin, je ne ferai pas l'enfant comme lui ! »

Il ne fit pas l'enfant, en effet. Il perdit graduellement la mémoire et le jugement ; ce fut tout. Son dernier soupir s'exhala dans un madrigal à la duchesse de Fronsac, en 1878, la veille de la Révolution. Il avait quatre-vingt-douze ans. Ainsi s'éteignit une des plus brillantes immoralités du xviiie siècle.

Son fils Fronsac ne lui survécut pas longtemps — trois ans à peine ; — il mourut en émigration.

Deux autres acteurs de cet épisode : Sernin finit à Bordeaux, dans un emploi obscur de la préfecture de police. C'était tout ce qu'il méritait. Il guérit de son caprice pour la Clairville — en le satisfaisant. Quant à elle, à cette Clairville, son histoire fut celle de toutes les *étoiles* de province. Après avoir fait les beaux soirs de Bordeaux, elle alla faire les beaux soirs de Lyon, de Marseille, de Nantes ; — et puis, de ville en ville, on la vit tomber successivement dans des *trous*, à Montargis, à Rethel, à Péronne, à Saint-Malo. En dernier lieu, sous l'Empire, elle tint un hôtel garni pour les officiers.

Le reste ne vaut pas l'honneur d'être nommé.....

Le seul homme que nous étions sur le point d'oublier, et le seul qui mérite qu'on s'occupe de lui, celui par le nom duquel s'ouvrent les premiers feuillets de ce livre, c'est Victor Louis, l'immortel architecte du Grand-Théâtre de Bordeaux, le premier théâtre de France. Louis! un ouvrier de génie en même temps qu'un pauvre homme tourmenté, harcelé, marchandé, liardé par les jurats, et finalement ruiné par eux! Louis, qui a bâti un chef-d'œuvre et à qui l'on n'a pas voulu payer ce chef-d'œuvre! — Après l'inauguration resplendissante que nous en avons décrite, on pouvoir croire que ses douleurs allaient cesser et qu'il allait entrer désormais, lui et son monument, dans la prospérité rayonnante. Erreur! Son théâtre une fois édifié, Louis resta malheureux plus que jamais, et qui pis est, il resta sans travail. Il demanda à ces mêmes jurats une rente de mille écus qui lui fut refusée. Revenu à Paris, il se signala par deux théâtres encore supérieurs : la Comédie-

Française, toujours existante, aux amples proportions, et l'Opéra de la place Louvois, depuis incendié. Rappelons aussi que, grâce à la protection du duc de Chartres, Louis renouvela le Palais-Royal, auquel il ajouta ses élégantes galeries, qui font songer vaguement à la place Saint-Marc, de Venise. Puis je le recherche et je ne le retrouve plus. Il avait encore de longues années à vivre, une noble carrière à fournir, il s'arrêta en chemin. Vers le commencement du siècle, il mourut aux environs de Tours.

Triste ! oh ! triste !

FIN

TABLE DES MATIÈRES

I. — Prenez vos billets au bureau	1
II. — D'après un pastel	10
III. — Le doge de Bordeaux	21
IV. — Au voleur! au voleur!	39
V. — Figures de police	58
VI. — Sortis du fort de Hâ	81
VII. — Chez Roberte	99
VIII.— Où l'on voit la bande à Jean de la Réole.	108
IX. — Le duc de Fronsac	126
X. — Le tertre de Fronsac	147
XI. — Où l'on revoit les diamants	158
XII. — Retour chez la Clairville	167
XIII.— Évanouissement	176
XIV. —	191
XV. —	169
XVI. — Colonelle et chanoinesse	205
XVII.— Oiseaux dénichés	211
XVIII.— Papa maréchal	220
XIX. — La grotte de Minorque	233
XX. — Priez pour elle	241
XXI. — Départ	262
Épilogue	268

Emile Colin. — Imprimerie de Lagny.

Louis BOUSSENARD

Les Grandes Aventures

Le Tour du Monde d'un Gamin de Paris
   1 volume in-18 jésus, illustré de 4 dessins par H. CASTELLI

Le Tigre blanc
   1 volume in-18 jésus, illustré de 8 dessins par J. FÉRAT

Le Secret de l'or
   1 volume in-18 jésus, illustré de 8 dessins par J. FÉRAT

Les Mystères de la Forêt vierge
   1 volume in-18 jésus, illustré de 8 dessins par J. FÉRAT

Les Aventures d'un Gamin de Paris en Océanie
   1 volume in-18 jésus, illustré de 8 dessins par J. FÉRAT

Le Sultan de Bornéo
   1 volume in-18 jésus, illustré de 8 dessins par J. FÉRAT

Les Pirates des Champs d'or
   1 volume in-18 jésus, illustré de 8 dessins, par J. FÉRAT

Aventures périlleuses de trois Français au pays des diamants
   1 volume in-18 jésus, illustré de 8 dessins, par J. FÉRAT

Le Trésor des Rois cafres
   1 volume in-18 jésus, illustré de 8 dessins par J. FÉRAT

Les Drames de l'Afrique australe
   1 volume in-18 jésus, illustré de 8 dessins par J. FÉRAT.

De Paris au Brésil par terre
   1 volume in-18 jésus, illustré de 8 dessins par J. FÉRAT

Aventures d'un héritier à travers le monde
   1 volume in-18 jésus, illustré de 8 dessins par J. FÉRAT

2,000 lieues à travers l'Amérique du Sud
   1 volume in-18 jésus, illustré de 8 dessins, par J. FÉRAT

Aventures d'un Gamin de Paris au pays des lions
   1 volume in-18 jésus, illustré de 8 dessins par H. CASTELLI

Aventures d'un Gamin de Paris au pays des tigres
   1 volume in-18 jésus, illustré de 8 dessins par H. CASTELLI

Aventures d'un Gamin de Paris au pays des bisons
   1 volume in-18 jésus, illustré de 8 dessins par H. CASTELLI

Les Secrets de Monsieur Synthèse
   1 volume in-18 jésus.

Collection à 5 fr. le volume

GRAND-CARTERET

La France jugée par l'Allemagne

Un très beau et très fort volume in-18 jésus.

DE LYDEN

Histoire des Régiments

Un très fort volume in-18 jésus.

Louis MORIN

Histoires d'autrefois
Jeannick

87 dessins de l'auteur
Très beau volume in-16.

Le Cabaret du Puits-sans-vin

95 dessins de l'auteur
Très beau volume in-16.
Ce dernier ouvrage se vend relié au prix de 6 francs.

La Langue Verte politique
Les Vivacités du langage
dans le journalisme parisien

GLOSSAIRE RAISONNÉ

des amabilités, gentillesses, aménités, gracieusetés
honnêtetés, etc.,
dudit journalisme parisien 1869-1887
1 joli volume in-16.

Ernest Daudet

Les Bourbons et la Russie
pendant la
Révolution Française
d'après des Documents inédits

1 beau volume in-8° carré. Prix . . . . 6 fr.

Les Émigrés
et
La Seconde Coalition
1797-1800
d'après des Documents inédits

1 beau volume in-8° carré. Prix. . . . . 6 fr.

Les Émigrés
et
Le Dix-Huit Fructidor
d'après des Documents inédits

1 beau volume in-8 carré. Prix . . . . 6 fr.

Ouvrages Historiques

Histoire de la Révolution de 1870-71

La chute de l'Empire. — La guerre. — Le siège de Paris. — La paix. — La Commune. — La libération du territoire.

Par *Jules* CLARETIE

Ouvrage Illustré de Portraits, Vues, Scènes, etc.

5 beaux volumes in-8° carré. Prix. . . . . 30 fr.

Le même ouvrage, 2 volumes in-4° à 2 colonnes. Prix broché, **20 fr.**

Histoire de la République Française
(1789-1800)

La France avant 1789. — Louis XVI. — Assemblée nationale. — Assemblée législative. — La Convention. — Les Girondins. — La Terreur. — Les victoires de la République. — Le coup d'État du 18 brumaire.

Par *Elie* SORIN

Ouvrage Illustré de Portraits, Vues, Scènes, Plans, Cartes Autographes, etc.

1 beau volume. Prix. . . . . 20 fr.

Histoire du Second Empire
(1848-1870)

Les affaires de Boulogne et de Strasbourg. — La seconde République. — Présidence de Louis-Napoléon. — Le coup d'État du 2 Décembre. — Le règne de Napoléon III. — Ses guerres. — Sa chute.

Par *Hippolyte* MAGEN

Ouvrage Illustré de Portraits, Vues, Scènes, Plans et Cartes

1 beau volume. Prix. . . . . 10 fr.

Histoire Nationale de la France

Depuis les temps les plus reculés jusqu'en 1880

Edition illustrée

De très nombreuses gravures : Portraits, Scènes, Vues et Cartes

1 volume petit in-4°. Prix. . . . . 8 fr.

Les Romans Modernes illustrés
Collection in-8

Alphonse DAUDET

Jack
Illustrations de L. Montégut.
2 volumes in-8, chaque volume. . . . . 7 fr. 50

Sapho
Illustrations de L. Montégut.
1 volume in-8 . . . . 7 fr. 50

Jules CLARETIE

Le Prince Zilah
Illustrations de L. Tinayre.
1 volume in-8 . . . . 10 fr.

Georges OHNET

Le Maître de Forges
Illustrations de Sahib.
1 volume in-8 . . . . 10 fr.

La Comtesse Sarah
Illustrations par Adrien Marie.
1 volume in-8 . . . . 10 fr.

Serge Panine
Illustrations de P. Destez.
1 volume in-8 . . . . 10 fr.

La Grande Marnière
Illustrations de Myrbach.
1 volume in-8 . . . . 10 fr.

Les Dames de Croix-Mort
Illustrations de E. Mas.
1 volume in-8 . . . . 10 fr.

Lise Fleuron
Illustrations de Tofani.
1 volume in-8 . . . . 10 fr.

Hector MALOT

Micheline
Illustrations de A. Lemaistre.
1 volume in-8 . . . . 10 fr.

Collection in-8°
Ouvrages Divers
Illustrés

J. FABRE

Jeanne d'Arc
Libératrice de la France
Nombreuses illustrations.
1 volume in-8, broché . . . . 10 fr.
— — relié . . . . 12 fr.

Victor TISSOT

La Police secrète
Prussienne
Illustrations par DE HAENEN.
1 volume in-8 . . . . 10 fr.

Réné MAIZEROY

La Vie de Soldat
Illustrations de JOB.
1 volume in-8 . . . . 10 fr.

Maxime AUBRAY

Le 145ᵉ Régiment
Illustrations de A. DRANER.
1 volume in-8 . . . . 10 fr.

Charles LEROY

Le Colonel Ramollot
Illustrations par UZÈS.
1 volume in-8 . . . . 10 fr.

Nouvelles Méthodes de Langues vivantes

par

E. SANDERSON

Officier d'Académie, membre-professeur de l'Association Polytechnique,
Professeur à l'école Turgot,
Traducteur assermenté près la Cour d'Appel de Paris.

Ouvrages rédigés sur un plan entièrement nouveau, avec le plus grand soin, à l'usage des familles, des maisons d'éducation, des instituteurs, des jeunes gens qui se destinent au Commerce, à l'Industrie et aux Affaires, des employés, des écoles pratiques de l'Agriculture et des Arts et Métiers, des voyageurs de Commerce, etc., etc.

L'Anglais
sans professeur, en 50 leçons

L'Allemand
sans professeur, en 50 leçons

L'Espagnol
sans professeur, en 50 leçons

L'Italien
sans professeur, en 50 leçons

La Méthode pour apprendre chacune des quatre langues vivantes indiquées ci-dessus forme un beau et fort volume in-8 raisin, du prix de **12 francs**.

Chaque Méthode est également divisée, pour la plus grande commodité des élèves, en **4** *parties du prix de* **3 francs**.

Bibliothèque Encyclopédique du Commerce

BEAUX VOLUMES IN-8 A **12** FRANCS

∞∞

A. MIRODE

Les Codes français
Vulgarisés
GUIDE INFAILLIBLE
Pour gérer et défendre soi-même ses intérêts
Conseiller pratique des affaires
Ouvrage augmenté de 100 formules des actes les plus indispensables

H. LEFÈVRE
(de Châteaudun)

La Comptabilité
Théorie, pratique et enseignement
Notions générales
de Change et de Bourse

Le Commerce
Théorie, pratique et enseignement
Suivi du
Dictionnaire du Commerçant

H. COZIC

La Bourse
MISE A LA PORTÉE DE TOUS
Ouvrage indispensable
Aux banquiers, aux rentiers, aux propriétaires
aux commerçants
Aux capitalistes, aux obligataires, aux actionnaires

Ouvrages de Luxe

L'Amérique du Nord pittoresque
États-Unis et Canada

Ouvrage
publié avec la collaboration de l'élite des écrivains des États-Unis
sous la direction de W. CULLENT-BRYANT,
traduit, revu et augmenté par B.-H. REVOIL, illustré d'un nombre
considérable de gravures sur bois par les meilleurs artistes

PRIX

Broché . . . . 50 fr.
Relié, fers spéciaux, tranches dorées . . . . 60 fr.

Richard CORTAMBERT
Nouvelle Histoire des Voyages et des grandes Découvertes géographiques
Dans tous les temps et dans tous les pays
Volume illustré de belles et nombreuses gravures par SAHIB

PRIX

Broché . . . . 25 fr.
Relié, fers spéciaux, tranches dorées . . . . 32 fr.

LE SAGE
Histoire de Gil Blas de Santillane
Précédée d'une étude littéraire, avec 300 illustrations sur bois
dessins de MM. PHILIPPOTEAUX et PELLICIER, gravure de Ch. BARBANT
Un très beau et très fort volume in-8

PRIX

Broché . . . . 25 fr.
Relié . . . . 32 fr.

Louis JACOLLIOT
Les Animaux sauvages
nombreuses illustrations par A. LANÇON.
Très beau et très fort volume in-8

PRIX

Broché . . . . 25 fr.
Relié, fers spéciaux, tranches dorées . . . . 32 fr.

OUVRAGES DE LUXE

Jules CLARETIE

Le Drapeau

Ouvrage couronné par l'Académie française
Édition avec encadrements tricolores autour de chaque page
illustré de quatre dessins originaux

de

A. DE NEUVILLE

et de dessins par Edmond Morin, très beau volume
in-4° colombier

PRIX

Broché . . . . 15 fr.

Guy DE MAUPASSANT

Contes choisis

Nombreuses illustrations de G. Jeanniot
Très beau volume in-8°

PRIX

Broché. . . . . 10 fr.
Relié. . . . . 15 fr.

Constant AMÉRO

Le Tour de France
d'un
Petit Parisien

Nombreuses illustrations de J. Férat
Très beau et très fort volume in-8°

PRIX

Broché. . . . . 9 fr.
Relié toile, fers spéciaux, tranches dorées . . . . . 12 fr.
Ouvrage couronné par l'Académie française

Ouvrages d'HENRY HAVARD

L'Art à travers les Mœurs

Très beau volume in-8°
Illustrations de C. Goutzwiller

PRIX

Broché . . . . 25 fr.
Relié. . . . . 32 fr.

La Hollande à vol d'oiseau

Très beau volume in-8°.
Illustrations de Maxime Lalanne

PRIX

Broché . . . . 25 fr.
Relié . . . . 32 fr.

La Flandre à vol d'oiseau

Très beau volume in-8°.
Illustrations de Maxime Lalanne

PRIX

Broché . . . . 25 fr.
Relié . . . . 32 fr.

En Préparation :

Nos Manufactures Nationales

En collaboration avec M. Marius Vachon

Édition illustrée de grand luxe

OEuvres de Rabelais

Illustrées de 600 dessins

 Par **A. Robida**

Prospectus

L'Œuvre de Rabelais est le plus merveilleux thème que puisse rêver un artiste amoureux de la plus pittoresque des époques; mais à ce livre puissant il faut une illustration digne de l'auteur, variée et étincelante comme le texte à interpréter.

M. A. Robida a résolu ce problème avec son crayon si plein d'originalité, d'imprévu et de fantaisie. Il a semé le texte de dessins de toutes formes, et en outre a peint des aquarelles en couleurs qui sont imprimées hors texte et qui donnent à l'ouvrage un attrait de plus.

Deux très beaux et très forts volumes in-8

PRIX DE L'OUVRAGE

Broché . . . . 30 francs
Relié, fers spéciaux, tranches non coupées . . . . 40 —

Chaque volume peut se vendre séparément

Ouvrages de A. Robida

Le Vingtième siècle
Histoire d'une Parisienne d'après-demain
Ouvrage de grand luxe
Illustré de 350 dessins noirs et coloriés de *l'auteur*.
Prix, broché. . . . . **25 fr.**
Relié avec fers spéciaux, tranches dorées . . . . . . **32 fr.**

Le Voyage de Monsieur Dumollet
Ouvrage de luxe
Illustré de nombreux dessins noirs et coloriés de *l'auteur*.
Prix, broché. . . . . **12 fr.**
Relié, cartonnage à l'anglaise . . . . **15 fr.**

Voyages très extraordinaires
de Saturnin Farandoul, DANS LES 5 OU 6 PARTIES DU MONDE
et dans tous les pays
connus et même inconnus
de Jules VERNE.

Texte et dessins de *l'auteur*.
Prix, broché. . . . . **10 fr.**

La Grande Mascarade Parisienne
un fort volume avec nombreuses illustrations
Texte et dessins de *l'auteur*.
Prix, broché. . . . . **10 fr.**

Le Portefeuille
d'un très vieux garçon
Texte et dessins de *l'auteur*.
Un joli album in-8, cartonné, PRIX, ... **5 fr.**

La Tour enchantée
Texte et dessins de *l'auteur*.
Album petit in-4. PRIX, cartonné. . . . . **3 fr.**

Ouvrages de Louis Figuier

Les Nouvelles Conquêtes de la Science

Illustrées de plus de 900 gravures : *Portraits, vues, scènes, plans, cartes, etc.* — Ouvrage couronné par l'Académie Française.

L'ouvrage complet se compose de 4 volumes qui se vendent séparément, brochés : 20 francs; reliés avec fers spéciaux : 25 francs.

✳ **Les nouvelles applications de l'Électricité.** — *L'éclairage électrique. — Le téléphone. — Le microphone. — L'électricité force motrice. — Les expositions d'électricité. 1 Volume.*

✳✳ **Grands Tunnels et Railways métropolitains.** — *Le tunnel du Mont-Cenis. — Le tunnel du Mont-Saint-Gothard. — Le tunnel de l'Arlberg. — Le tunnel sous-marin du Pas-de-Calais. — Les railways métropolitains en Angleterre, en Amérique, en Allemagne et en France. 1 Volume.*

✳✳✳ **Les Voies ferrées dans les Deux-Mondes.** — *Les voies ferrées en Europe. — Les voies ferrées en Amérique. — Les voies ferrées en Afrique. — Les voies ferrées en Asie. — Les voies ferrées en Australie. 1 Volume.*

✳✳✳✳ **Isthmes et Canaux.** — *Le canal maritime de Suez. — Le canal maritime de Panama. — Le canal maritime de Corinthe. — Le canal maritime de Malacca. — La mer intérieure africaine. — Le dessèchement du lac Fucin.*

Les Mystères de la Science

Illustrés de près de 200 gravures : *Portraits, scènes, fac-similés d'anciennes estampes.*

L'ouvrage complet se composera de 2 volumes se vendant séparément, brochés : 20 francs; reliés avec fers spéciaux : 25 francs.

✳ **Autrefois.** — *Devins et thaumaturges dans l'antiquité. — Les épidémies démoniaques du Moyen âge et de la Renaissance. — Les possessions diaboliques du dix-septième siècle. — Les diables de Loudun. — Les prophètes protestants. — La baguette divinatoire. 1 Volume.*

✳✳ **Aujourd'hui.** — *Le magnétisme animal. — Les prodiges de Cagliostro. — Les magnétiseurs mystiques. — L'électro-biologie. — La pile électrique. — Les escargots sympathiques. — Les esprits frappeurs. — Les tables tournantes et les médiums. — Les spirites. 1 Volume.*

Le 1er volume est en vente, le 2e paraîtra en Octobre 1887.

Ouvrages du docteur J. Rengade

La Vie normale et la Santé. — *Traité complet de la structure du corps humain, des fonctions et du rôle des organes à tous les âges de la vie, avec l'étude raisonnée des instincts et des passions de l'homme et l'exposition des moyens naturels de prolonger l'existence en assurant la conservation de la santé.*

Un beau et fort volume grand in-8, de plus de 800 pages, illustré de 100 gravures en couleur et d'un grand nombre de figures noires. *Prix*, broché : **15 francs.**

Les besoins de la Vie et les éléments du Bien-être. — *Traité pratique de la Vie matérielle et morale de l'homme dans la Famille et dans la Société, avec l'étude raisonnée des moyens les plus naturels de s'assurer une heureuse existence en la dirigeant suivant les lois de l'hygiène et de la physiologie.*

Un beau et fort volume grand in-8, de 800 pages, illustré de 100 gravures en couleur et d'un grand nombre de figures noires. *Prix*, broché : **15 francs.**

Les grands Maux et les grands Remèdes. — *Traité complet des maladies qui frappent le genre humain, avec l'exposition détaillée de leurs causes, de leurs symptômes, des troubles et des lésions qu'elles produisent dans l'organisme, et des moyens les plus rationels de les prévenir et de les combattre.*

Un beau et fort volume grand in-8, de 800 pages, illustré de 100 gravures en couleur et d'un grand nombre de figures noires. *Prix*, broché **15 francs.**

La Création naturelle et les êtres vivants. — *Histoire générale du monde terrestre, des végétaux, des animaux et de l'homme, avec la description des espèces les plus remarquables au point de vue de leur développement, de leur organisation, de leurs mœurs et de leur utilité dans la nature.*

Un beau et fort volume grand in-8, de 800 pages, illustré de 100 gravures en couleur et d'un grand nombre de figures noires. *Prix*, broché : **15 francs.**

Les Animaux et les Hommes. — *(Complément de l'ouvrage précédent.) Nouvelle histoire naturelle, anatomique, physiologique et généalogique des espèces animales et des races humaines, classées et décrites selon les lois de la descendance et de la sélection.*

Un beau et fort volume grand in-8, de 800 pages, illustré de 100 gravures en couleur et d'un grand nombre de figures noires.

Paul Rouaix

Dictionnaire des Arts Décoratifs

à l'usage
des amateurs, des artistes, des artisans et des écoles

AMEUBLEMENT — ARMURERIE — BIJOUTERIE — BRODERIE
CARROSSERIE — CISELURE — COSTUME
COUTELLERIE — CRISTALLERIE — DAMASQUINURE — DENTELLES
ÉMAILLERIE — FAIENCE — HORLOGERIE — JOAILLERIE
MINIATURE — MOSAIQUE — NIELLURE — ORFÈVRERIE — PORCELAINE
POTERIE — SCULPTURE SUR BOIS — SCULPTURE SUR IVOIRE
SERRURERIE — TAPISSERIE — TISSUS — VERRERIE
VITRAUX, ETC.

Ouvrage illustré de très nombreuses Gravures
et formant un répertoire de renseignements sur

Les matières. — Les procédés. — Les formes. — L'ornementation et son histoire. — Les styles. — Les chefs-d'œuvre des arts industriels. — L'histoire des arts décoratifs, dans les différents pays et à toutes les époques. — La biographie des artisans célèbres. — Les centres industriels et leur histoire. — Les marques, monogrammes et poinçons principaux. — Les curiosités des villes et des musées, etc., etc.

PRIX

Broché . . . . 12 fr.
Relié, cartonnage à l'anglaise . . . . 16 fr.

Paris. — Imp. réunies C. — Motteroz. — 7011.

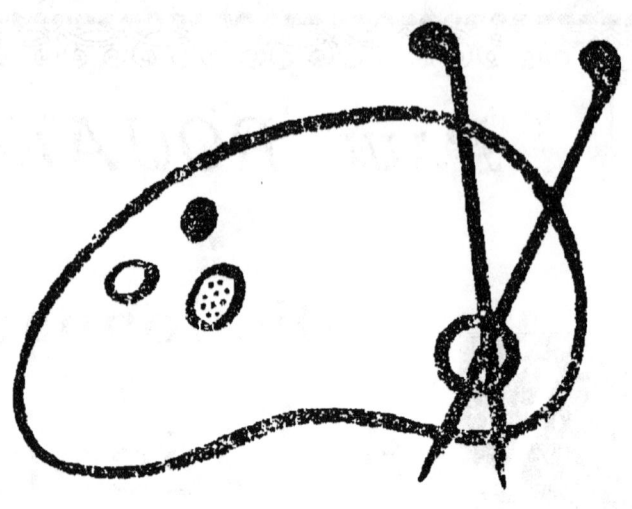

Original en couleur

NF Z 43-120-8

www.ingramcontent.com/pod-product-compliance
Lightning Source LLC
Chambersburg PA
CBHW070738170426
43200CB00007B/570